阳光快乐体育

主编：张五平

执行主编：梁永杰

本书编写组◎编 张五平

凤飞羽毛球

fengfei yumaoqiu

YANGGUANG KUAILE TIYU

世界图书出版公司
广州·北京·上海·西安

图书在版编目（CIP）数据

凤飞羽毛球／《凤飞羽毛球》编写组编．—广州：广东世界图书出版公司，2010.4 （2024.2重印）
ISBN 978－7－5100－2213－5

Ⅰ．①凤… Ⅱ．①凤… Ⅲ．①羽毛球运动－基本知识 Ⅳ．①G847

中国版本图书馆 CIP 数据核字（2010）第 070735 号

书　　名	凤飞羽毛球 FENGFEI YUMAOQIU	
编　　者	《凤飞羽毛球》编写组	
责任编辑	康琬娟	
装帧设计	三棵树设计工作组	
出版发行	世界图书出版有限公司　世界图书出版广东有限公司	
地　　址	广州市海珠区新港西路大江冲 25 号	
邮　　编	510300	
电　　话	020-84452179	
网　　址	http://www.gdst.com.cn	
邮　　箱	wpc_gdst@163.com	
经　　销	新华书店	
印　　刷	唐山富达印务有限公司	
开　　本	787mm×1092mm　1/16	
印　　张	10	
字　　数	120 千字	
版　　次	2010 年 4 月第 1 版　2024 年 2 月第 11 次印刷	
国际书号	ISBN　978-7-5100-2213-5	
定　　价	48.00 元	

版权所有　翻印必究
（如有印装错误，请与出版社联系）

前　言

当今时代，人人都明白"科技是第一生产力"、"知识就是财富"，但是，千万不能因此就忽略了对青少年健康体质的培养。青少年时期是身心健康和各项身体素质发展的关键时期。青少年的体质健康水平不仅关系个人健康成长和幸福生活，而且关系整个民族健康素质，关系我国人才培养的质量。为此，《中共中央　国务院关于加强青少年体育增强青少年体质的意见》强调"增强青少年体质、促进青少年健康成长，是关系国家和民族未来的大事"。"广大青少年身心健康、体魄强健、意志坚强、充满活力，是一个民族旺盛生命力的体现，是社会文明进步的标志，是国家综合实力的重要方面"。

但是，由于片面追求升学率的影响，社会和学校存在重智育、轻体育的倾向，学生课业负担过重，休息和锻炼时间严重不足，此外，许多学校体育设施和条件不足，学校体育课和体育活动难以保证，导致青少年身体素质下降。近些年体质健康监测表明，青少年耐力、力量、速度等体能指标持续下降，视力不良率居高不下，城市超重和肥胖青少年的比例明显增加，部分农村青少年营养状况亟待改善。解决未来一代学生体质健康不断下降的问题已成为当务之急。

2006年12月23日，教育部、国家体育总局、共青团中央联合下发的《关于开展全国亿万学生阳光体育运动的决定》，进一步深化了"健康第一"、"每天锻炼一小时，健康工作五十年，幸福生活一辈子"的健康生活理念，这是我国为改变学生体质健康状况持续下降的不利局面，推动广大学生积极快乐参加体育活动而发出的伟大号召，意义重大而深远。

阳光快乐体育

阳光体育运动的要求是让中学生走向操场，走进大自然，走到阳光下。阳光体育运动也是快乐的。每个参加者在积极主动地、热情地走进丰富多彩的体育运动，锻炼身体，强健体魄的同时，内心充满活力，充满阳光，享受运动带来的快乐。阳光快乐体育的目标任务是：通过持之以恒地参与阳光快乐体育运动，让青少年养成健康的生活方式，建立奋发向上、不断进取的人生态度，使他们未来拥有健康的体魄、坚忍不拔的意志品质、良好的心理素质、健全的人格，从而成长为有中国特色的社会主义事业的合格建设者和接班人，为未来拥有成功的人生打下坚实的基础。

为此，我们编写了这套丛书，真切希望为广大青少年全面认识和了解丰富多彩的体育运动、选择出适合自己的运动项目提供一个平台，为他们更好地掌握科学的锻炼方法、获得运动健康知识提供一个窗口，从而为形成"人人参与、个个争先"的、生气勃勃的校园体育锻炼氛围，为阳光快乐体育运动的顺利开展和有效实施作出微薄的贡献！适合青少年学生的体育运动项目繁多，各有特色，本系列丛书所涵盖的运动项目主要分为两大类：奥运项目和青春时尚系列运动项目。其中奥运项目包括：篮球、足球、排球、乒乓球、羽毛球、网球、游泳、跳水、花样游泳、赛艇、皮划艇、帆船、水球、田径、体操、艺术体操、重竞技运动、跆拳道、手球、棒球、垒球等；青春时尚系列运动项目主要包括：健美操、青春时尚系列、户外运动、武术套路运动、散打运动等。丰富多样的运动项目体现了本丛书的全面性、系统性的特点，方便广大青少年能够全面认识和了解丰富多彩的体育运动，根据自己的兴趣爱好、身体素质及学习和生活状况来选择适合自己的运动项目。

本丛书另一个特点是以图文结合的形式介绍每种运动项目，以图释文，图文并茂，让各种动作技术变得易懂易学。这能让青少年更形象、更轻松地理解每一个技术动作，也能更好地培养青少年的空间思维能力，增加学习兴趣。此外，本丛书按教材的逻辑结构编写，每个运动项目介绍内容包括：运动项目的起源与发展→运动项目的基本技术技能→运动项目的快乐入门→运动项目的综合知识→运动项目的竞赛规则→运动损伤及处理措施。条理清晰，简单易懂，让读者在轻松快乐学习该运动项目技术动作的同时，也可了解到相关的一些理论知识。我们衷心希望每个青少年都能将体育运动真正融入到生活、学习和成长过程中去，都能在体育运动中体验快乐，体验快乐的生活方式。祝福每一位青少年都能健康快乐地成长！

  本丛书编写过程中，得到了很多朋友的帮助，也从很多同行的著述中得到了启发，特别是陈明生老师为本套丛书提出了许多宝贵意见和指导，在此，一一表示深深的感谢！

编　者

目录 Contents

第一章 羽毛球运动概述 ………… 1

第一节 羽毛球的起源与发展 …………………………… 2
第二节 羽毛球运动的特点 …… 9
第三节 中国羽毛球运动的发展历程 ……………… 11

第二章 羽毛球运动的基本技术与战术 ……………… 17

第一节 羽毛球运动发球与接发球技术 ………… 17
第二节 羽毛球运动的击球、吊球与杀球技术 …… 21
第三节 羽毛球运动的基本战术 ……………………………… 31

第三章 羽毛球运动快乐速成途径 ……………………… 39

第一节 羽毛球技术入门速成练习 ……………………………… 40
第二节 羽毛球运动的步法与综合练习 ……………… 44
第三节 战术入门速成练习 … 56
第四节 羽毛球运动身体素质快乐练习 ……………… 57

第四章 羽毛球运动的综合知识 …………………………… 66

第一节 羽毛球运动的价值 … 66
第二节 羽毛球运动的几大赛事 ……………………………… 70
第三节 羽毛球明星简介 …… 78
第四节 羽毛球运动不同流派的打法 ……………… 88
第五节 羽毛球运动欣赏 …… 90

第五章 羽毛球运动的生理卫生与健康常识 ………… 96

第一节 运动损伤的原因及防范 ……………………………… 96

第二节 常见运动损伤及预防措施 …………………………… 100

第六章 羽毛球运动的竞赛组织与裁判工作 …………… 107

第一节 羽毛球比赛规则 …… 107

第二节 羽毛球竞赛规程 …… 116

第三节 羽毛球裁判方法 …… 124

专业词语中英文对照表 ………… 127

参考文献 ……………………… 134

第一章　羽毛球运动概述

羽毛球运动是集智能、体能、技能为一体的全身性的隔网对抗型运动项目，它具有简便、观赏、娱乐、强身等特点，并能全面增强学生体质。羽毛球运动以其较强的娱乐性和趣味性，现已被中学生视为锻炼身体的最佳选择。

羽毛球，英译为 badminton，指两人或四人的球场运动，用长柄轻球拍把带羽毛的球打过横跨球场中线挂的球网。另可译为 shuttlecock，指板羽球游戏用的球，底下是橡皮圆托，上面排列着羽毛，可以用球拍打来打去。一般多指前者。(如图1-1、1-2)

图1-2

图1-1

羽毛球运动是深受广大群众喜爱的小型球类运动。由于它的运动器材简便，不受场地限制，两把拍子一个球，无论走到哪里，无论有网无网，无论室内、室外，只要有一小块空地，就能进行活动和锻炼。羽毛球运动特有的风格，它一方面是一项技巧性很强的竞技性比赛项目，另一方面，它是一项普及性很强，老少皆宜的活动。既能强身健体，又充满乐趣。无论是从事竞技性运动，还是一般性的大众健身活动，都需要在场上不停地移动跳跃、转体、挥拍击球。因此，青少年经常进行羽毛球锻炼，能促进生长发育，提高身体各方面的

机能，培养不怕困难，不甘心落后，顽强拼搏的精神，从而提高身体素质，并有益于身心健康。

图1-3

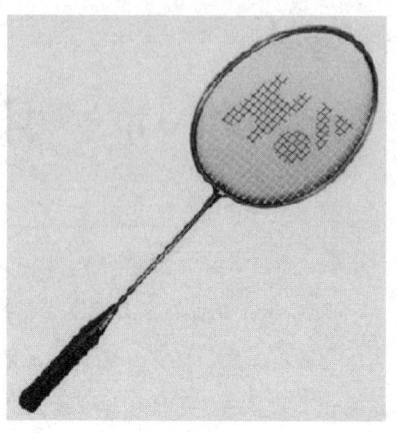

图1-4

第一节 羽毛球的起源与发展

一、羽毛球运动的起源

羽毛球最早出现在14~15世纪的日本。当时的球拍为木质，球是樱桃核插上羽毛做成。据传，在14世纪末叶，日本出现了把樱桃插上美丽的羽毛当球，两人用木拍来回对打的运动，这便是羽毛球运动的雏形。

18世纪时，印度的蒲那城，出现类似今日羽毛球活动的游戏，以绒线编织成球形，上插羽毛，人手持木拍，隔网将球在空中来回对击。这种游戏流行的时间不长便消失了。

图1-5

现代羽毛球运动起源于英国，据说1860年在英格兰格拉斯哥郡的伯明顿庄园举行宴会上，由于下雨，客人们只能待在室内，有几个从印度回来的退役军官就向大家介绍了一种隔网用拍子来回击打毽球的游戏,人们对此产生了很大的兴趣。后来人们就以伯明顿(Badminton)作为此项运动的名称。1893年英国成立了羽毛球协会,1899年举行了第1届全英羽毛球锦标赛。此后羽毛球运动就传到了世界各地。

图1-7　全英羽毛球锦标赛徽记

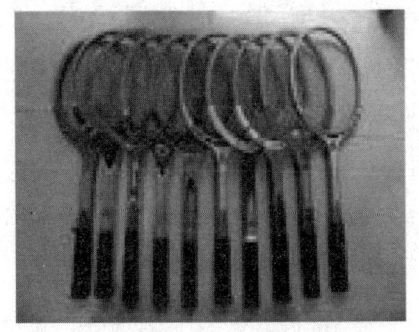

图1-6　木拍

二、羽毛球运动的发展

1875年,世界上第一部羽毛球比赛规则出现于印度的普那。3年后,英国又制定了更趋完善和统一的规则,当时规则的不少内容至今仍无太大的改变。

1893年,世界上最早的羽毛球协会——英国羽毛球协会成立,并于1899年举办了首届全英羽毛球锦标赛。(如图1-7、1-8)

图1-8　全英羽毛球锦标赛场馆

1934年,由加拿大、丹麦、英国、法国、爱尔兰、荷兰、新西兰、苏格兰和威尔士等国发起成立了国际羽毛球联合会,总部设在伦敦。从此,羽毛球国际比赛日渐增多。

1934～1947年,丹麦、美国、英国、加拿大等欧美选手称雄于国际羽坛。

在1948～1949年举行的首届世界男子羽毛球团体锦标赛——"汤姆斯"西亚队荣获冠军,从而开辟了亚洲人称雄国际羽坛的时代。

在1948～1979年间的11届汤姆斯杯赛中,印度尼西亚队夺得7次冠军，1次亚军。

图1-9 汤姆斯杯

1956年，世界女子羽毛球团体锦标赛——"尤伯杯"赛开始举行，前3届冠军均被美国人夺得。

图1-10 尤伯杯

20世纪60年代前期，中国队后来居上，形成了多种快速进攻的类型打法。尽管当时欧亚展开了激烈的竞争，但我国羽毛球运动员却无法参加国际羽毛球大赛（因为没有加入国际羽联）。

20世纪60年代，我国羽毛球队创造的"快、狠、准、变、活"的技术风格开创了这一时期以快攻打法创造主动的新局面。1963年、1964年两度打败世界冠军印度尼西亚队，1965年又全胜北欧诸强，被誉为"无冕之王"（因当时我国未加入国际羽联，不能参加世界性锦标赛）。

从20世纪60年代后期起，优势转移到了亚洲，日本和印度尼西亚队包揽了历届比赛的冠亚军。

1964年，中国首次打败了当时的世界冠军印度尼西亚队，随后又以绝对优势战胜了该队。当时，不仅国家队，青年队和很多地方队都能战胜印度尼西亚队。

1965年，我国羽毛球队在快速进攻打法的基础上，技术水平大幅度提高，在当年出访北欧时取得了较好的战绩。

1966年，我国羽毛球队迎战世界

亚军丹麦队，在该场比赛中，我国选手就是采用了这种快速进攻的打法，使对手处于被动，无法施展他们欧洲类型的技术打法特点。中国的快速进攻的打法是国际羽坛上的首创，为羽毛球运动快速发展到今天起到了巨大的推动作用。

在中国快速进攻打法的影响下，印度尼西亚队首先吸收了该打法的先进特点，并且积极培养该种技术打法的后备人才，在20世纪60年代的中后期，出现了一些快速进攻打法的世界级选手。如哈托诺（梁海量）——在杀、吊上网打法中发展了劈杀的配合，曾在全英赛中8次夺冠。当时被称为"羽坛球王"。（图1-11）

图1-11　梁海量

20世纪70年代以来，男子羽毛球技术处于世界领先地位的是印度尼西亚队和中国队。印度尼西亚羽毛球队又涌现出了诸如林水镜等好手，后场双脚起跳扣杀上网是他的技术特点。他在1978年、1979年两度夺得全英羽毛球公开赛冠军。印度尼西亚队也着重发展不同类型打法的运动员，注重百花齐放，如原印度尼西亚羽毛球队汤姆斯杯赛主力单打翁振祥就是采用挑高球、平快球压底线结合近网吊球的拉、吊结合突击的打法，这些快速进攻类型打法的继承与发展使印度尼西亚队在这一段时期里主宰了国际羽坛（1958～1980年共7次夺得汤姆斯杯冠军）。因此，快速进攻的类型打法是占主导的先进的技术类型。

20世纪70年代，欧洲选手意识到自己在羽毛球技战术方面的落后，认识到仅仅依靠技术全面、控制落点的类型打法已经落伍，为了赶上羽毛球运动技术发展的潮流，他们在自己原技术类型打法的基础上，注重向中国队和印度尼西亚队学习，学习亚洲两个强队快速进攻类型打法的优点，从而在该时期对印度尼西亚队构成了

图1-12 林水镜

巨大的威胁。如丹麦队考普斯运用了网前假动作,以此破坏对方进攻节奏,又加强了拉、吊技术的进攻件,尤其是在继承了积极快速进攻的基础上发展了重力扣杀、突击扣杀等技术,使其从1960年夺回全英公开赛冠军,并将这一殊荣保持了7年之久。在以后的日子里,丹麦羽毛球队又涌现出了普里和菲明道夫,二人分别在1975年、1977年里击败了"球王"梁海量而获得全英公开赛冠军,由此可见,中国独创的积极快速进攻打法已被羽坛所广泛使用。

20世纪70年代后期,日本、韩国、巴基斯坦、泰国、马来西亚等国家和地区的羽毛球技术也有了长足的进步,在国际比赛中取得了较好的成绩。欧洲的丹麦、英国、瑞典等国在发挥原有特点的基础上,广泛吸取了亚洲人的技术和经验,技术水平稳步提高,至今仍不失为羽坛劲旅。女子方面可以说是中国、印度尼西亚、日本三强鼎立。1982年,中国队首次参加全英锦标赛,即获得了女子单打冠亚军和双打冠军。到了20世纪80年代后期,马来西亚队、韩国队有了长足的进步,多次获得国际羽毛球大赛的男子团体冠军、双打冠军。女子方面,中国、印度尼西亚继续保持领先,韩国女队迎头赶上,是近年来中国队、印度尼西亚队的主要对手。

1978年2月,世界羽毛球联合会在香港成立。

图 1 - 13　世界羽毛球联合会标志

20 世纪 80 年代，世界羽毛球的发展趋势主要是以压底线为主，在此基础上发挥运动中各自的特点。以中国选手杨阳和赵剑华为这一时期的代表人物，前者是快速调动为主的类型打法，后者是杀上网结合的先声夺人的类型打法。他们的共同特点是：变速突击能力非常强，具体体现在，后场两边线起跳突击下压和上网组织进攻，给对手造成了巨大的威胁，在当时，两人都拥有"四大天王"的称号。总的来说，20 世纪 80 年代的技术发展变化不够突出。当时的世界羽坛格局仍然是欧亚对峙状态，以亚洲为代表的是中国队和印度尼西亚队，欧洲为代表的是丹麦队。

1981 年 5 月，国际羽毛球联合会和世界羽毛球联合会正式合并。

1982 年，中国队首次参加汤姆斯杯赛就荣获冠军。中国队的技术受到了世界羽坛的普遍赞扬。

图 1 - 14　杨阳

图 1 - 15　赵剑华

20 世纪 90 年代，男子羽毛球的优势地位重新转向印度尼西亚队，该队涌现出一大批高水平的选手，如魏仁芳、阿迪、佐戈、蔡祥林、

阳光快乐体育

图1-16 魏仁芳

图1-17 吴文凯

阿尔比等选手,与他们同一时期水平接近的还有马来西亚的拉锡·西德克,中国的吴文凯以及丹麦的劳力森、拉尔森,瑞典的英尔森等选手。羽毛球技术,这一时期主要强调变速突击的类型打法,世界优秀选手均在技术全面的基础上采用该类型打法,既能攻善守,又强调控制与反控制,进攻技术除在20世纪70年代积极快攻的基础上,更着重发展具有个人特色的凶狠、变速突击技术。注重击球时机、击球效果、击球落点与战术的变化是这一时期发展趋势的主要特点。

进入2000年以后,世界羽坛的格局仍然是欧亚对峙局面,唯一不同的是,亚洲已稍稍领先。

以亚洲为代表的类型打法——继续贯彻积极、快速、进攻的主导思想,配合技术全面,灵活多变,变速突击,拉吊、拉打结合的类型打法。

以欧洲为代表的类型打法——利用自己人高马大、强壮有力的身体特点,以从控制底线的类型打法转向强调积极进攻、融入亚洲类型打法的快速主动优点,突出发球抢攻,以下压控网的打法。

总而言之,世界羽毛球运动将朝着更加普及的方向发展。

第二节　羽毛球运动的特点

一、全身运动项目

无论是进行有规则的羽毛球比赛或是作为一般性的健身活动，都要在场地上不停地进行脚步移动、跳跃、转体、挥拍，合理地运用各种击球技术和步法将球在场上往返对击，从而增大了上肢、下肢和腰部肌肉的力量，加快了锻炼者全身血液循环，增强了心血管系统和呼吸系统的功能。据统计，大强度羽毛球运动者的心率可达到每分钟160～180次，中强度运动心率可达到每分钟140～150次，低强度运动心率也可达到每分钟100～130次。长期进行羽毛球锻炼，可使心跳强而有力。肺活量加大，耐久力提高。此外，羽毛球运动要求练习者在短时间对瞬息万变的球路作出判断，果断地进行反击，因此，它能提高人体神经系统的灵敏性和协调性。（图1－18）

图1－18

阳光快乐体育

二、可调节运动量

羽毛球运动适合于男女老少，运动量可根据各人年龄、体质、运动水平和场地环境的特点而定。青少年可将羽毛球运动作为促进生长发育、提高身体机能的有效手段进行锻炼，运动量宜为中强度，活动时间以40~50分钟为宜，适量的羽毛球运动能促进青少年增长身高，能培养青少年自信、勇敢、果断等优良的心理素质；老年人和体弱者可作为保健康复的方法进行锻炼，运动量宜较小，活动时间以20~30分钟为宜，达到出出汗、弯弯腰、舒展关节的目的，从而增强心血管和神经系统的功能，预防和治疗老年心血管和神经系统方面的疾病；儿童可作为活动性游戏方法来进行锻炼，让他们在阳光下奔跑跳跃，并要求他们能击到球，培养他们不畏困难、不怕吃苦、不甘落后的品质，为今后成为现代化建设需要的合格人才打下良好的身体基础。（图1-19、1-20）

三、不受场地限制

羽毛球运动受到人们的普遍欢迎的原因之一是它不受任何场地限制，

图1-19

图1-20

正规比赛场地面积仅69.41~81.74平方米，长13.40米，宽6.00米（双打）或5.18米（单打），平时进行羽毛球活动只要有平整的空地就可以了。脑力工作者和职业劳动者利用工间操、上下班前后的时间在空地上开展羽毛球活动，能够提高工作效率。随着双休日制度的实施，人们还可把打羽毛球作为娱乐活动，休闲养性，活动身体，从而达到全面提高身体机能的目的。（图1-21、图1-22）

图1-21

图1-22

第三节 中国羽毛球运动的发展历程

20世纪20~40年代欧美国家的羽毛球运动发展很快,其中英国、丹麦、美国、加拿大的水平相当高。20世纪50年代亚洲羽毛球运动发展很快,马来西亚取得两届汤姆斯杯赛冠军。同时印度尼西亚队在技术和打法上有所创新很快取得了霸主地位。20世纪60年代以后羽毛球运动的发展逐渐移向亚洲。

1981年5月国际羽毛球联合会重新恢复了中国在国际羽联的合法席位,从此揭开了国际羽坛历史上新的一页,进入了中国羽毛球选手称雄世界的辉煌时代。

在1988年汉城奥运会上,羽毛球被列为表演项目,1992年巴塞罗那奥运会列为正式比赛项目。从此羽毛球运动进入新的发展时期。

一、20世纪50年代起步

新中国成立前,在沿海少数城市虽有羽毛球活动和小型比赛,但范围很小,水平也很低。新中国成立后,1956年在天津举行了第一次全国羽毛球比赛,参加的单位有11个城市的男运动员49人,女运动员29人。以王文教、陈福寿为代表的一批华侨羽毛球好手的归国,给我国的羽毛球运动带来了当时世界上的先进技术和战术,使我国的羽毛球运动水平得到了长足的进步。第1届全国运动会羽毛球即列入正式比赛项目,共有21个省、市和自治区参加了比赛。

图1-23 王文教 张爱玲 陈福寿

二、20世纪60年代世界羽坛的"无冕之王"

第1届全运会后,汤仙虎、侯加昌(图1-24、图1-25)等一批优秀羽毛球青年选手又相继回国。我国羽毛球教练员、运动员刻苦训练,认真钻研,敢于创新,在技术打法上提倡百花齐放。初步形成了几种先进打法,使我国的羽毛球运动水平在以快为主、以攻为主的方向上迈出了一大步。在竞技能力上出现了一个划时代的飞跃。1963年连获两届世界男子团体冠军的印尼羽毛球队来访中国,我国家队、青年队和一些省队都在对抗赛上获胜。1964年印尼队在蝉联三届"汤姆斯"杯冠军后再次访问我国,又铩羽而归。1964年在北京召开了全国第一次羽毛球训练工作会议,明确提出了我国羽毛球运动"快、狠、准、活"的技术风格和"以我为主、以快为主、以攻为主"的发展方向。

图1-24 汤仙虎

图1-25 侯加昌

1965年中国羽毛球球队出访欧洲羽毛球王国丹麦和另一羽毛球强国瑞典，中国羽毛球运动员以其先进的技术风格、快速的打法和灵活多变的战术取得34场比赛全胜的辉煌战绩。此时，因某种原因导致中国羽毛球队没有参加"汤姆斯"杯等世界羽毛球比赛，但是，当时的亚洲和欧洲的世界冠军都败在中国羽毛球运动员的拍下。在此情况下，欧洲报纸舆论评论中国羽毛球队是世界羽坛的"无冕之王"。

三、世纪之谜——"天皇巨星"与"无冕之王"谁更强

印尼羽毛球运动员梁海量从1968～1976年共8次获得全英羽毛球锦标赛男子单打冠军（在没有举办世界羽毛球锦标赛时，全英羽毛球锦标赛的冠军被视为世界羽毛球冠军）。在所参加的羽毛球比赛中几乎无败绩，被誉为世界羽毛球的"天皇巨星"。而中国的汤仙虎、侯加昌两人，因不参加全英羽毛球锦标赛，而从未与梁海量交手，但是在汤、侯成名后与所有其他外国运动员的比赛中从未输过一场，甚至于从未丢过一局。因此，世人极想看到"无冕之王"的代表人物汤仙虎、侯加昌与羽球王国的世界"天皇巨星"梁海量比赛一场，分个高低。1973年12月，香港羽总举办了一次规模盛大的羽毛球国际邀请赛，印尼没来参加。为使中国羽毛球运动员有机会与世界冠军印尼队交手，泰国在1974年举办了曼谷国际羽毛球邀请表演赛，印尼虽派运动员参加，但梁海量没出现在赛场。而在1974年伊朗首都德黑兰举行的第7届亚运会羽毛球比赛，梁海量在又获当年的全英羽毛球男子单打冠军的状态下却再次回避。失去了这样几次难得的机会后，汤仙虎与侯家昌这两位耀眼的世界羽球明星，终于未能了却与

梁海量切磋球技的夙愿。

四、20世纪80年代独领风骚

1981年7月,在美国圣克拉拉举行的第1届世界运动会羽毛球比赛的5个项目中,中国运动员一举夺得男子单打、男子双打、女子单打和女子双打共4枚金牌,这是我国羽毛球运动员首次在世界性羽毛球比赛中亮相。继此之后,在1982年首次参加汤姆斯杯赛,经过艰苦奋战,最后以5∶4反败为胜,从印尼队的手中夺得世界羽毛球男子团体冠军。1984年中国女子羽毛球队把世界女子羽毛球团体赛的奖杯"尤伯"杯又捧在怀中。1986年中国的男女羽毛球队在印尼首都雅加达把"汤姆斯"杯和"尤伯"杯双双举起。次年,在中国北京举行的第5届世界羽毛球锦标赛的5个单项比赛中,中国羽毛球运动员囊括了全部冠军。至此,中国羽毛球创造了一个国家同时获得并保持了世界羽毛球比赛男女团体赛和5个单项个人赛的全部7项冠军,这一国际羽坛史无前例的纪录。(图1-26、1-27、1-28)

五、20世纪90年代再度辉煌

正当羽毛球项目刚列为奥林匹克运动的正式比赛项目,而中国的羽毛球水平却跌落到低谷,世界大奖赛的冠军与中国运动员极少有缘,第25届奥运会的羽毛球比赛,中国运动员一枚金牌都未得到。中国男子羽毛球队1992年在汤姆斯杯半决赛时以2∶3不敌马来西亚,连决赛权都未能取得。

图1-26

图1-27

图1-28

直至1998年连续3届也都未取得最后的决赛权。中国女子羽毛球队也在1994年和1996年的尤伯杯赛中两度被印尼队夺走奖杯。这种状况不是中国队放松所致，而是对羽毛球运动员职业化趋势带动其他国家羽毛球运动迅速发展的势头估计不足。在采取了一系列相应的措施后，在20世纪90年代后期，局面开始有了转机。1996年亚特兰大奥运会女子双打葛菲、顾俊摘取了金牌，董炯也取得了男子单打银牌的好成绩。1998年中国女子羽毛球队夺回"尤伯"杯，而在代表男女羽毛球整体实力的"苏迪曼"杯比赛中实现了1995年、1997年、1999年三连冠，2000年中国女子羽毛球队蝉联"尤伯"杯冠军，男子队也得了亚军。只是要捧回"汤姆斯"杯，并在奥运会夺取更多的金牌，还有一段艰苦的路程。（图1-29、1-30、1-

阳光快乐体育

31、1-32）

图1-29

图1-31

图1-30

图1-32

第二章 羽毛球运动的基本技术与战术

随着社会的发展、时代的进步，人们已不光满足于自己物质生活的提高，对于精神生活也提出了更高的要求。羽毛球运动已经成为大众必不可少的娱乐运动项目，并引起人们广泛的关注。因此，也就更加推动了这项运动的发展完善，使得羽毛球的规则在近些年不断地发生变化，以至于对运动员的技术和战术的变化产生了很大的影响。然而，任何事物的发展都要经历一个由小到大、由弱到强的过程。纵观过去羽毛球的规则发展史，我们可以看到今天的羽毛球运动正在向着规范化、职业化的高水平方向发展。我们认真探讨羽毛球规则的变化史和羽毛球技战术发展的关系，将有利于我们看清羽毛球运动的发展前景，对掌握其进一步发展的规律起到重要的作用。本章主要从羽毛球运动发球与接发球技术、羽毛球运动的击球、吊球与杀球技术、羽毛球运动的步法与综合练习以及羽毛球运动的基本战术有步骤、有层次的说明，书中图文并茂，通俗易懂，更有利于理论和实践的真正结合。

第一节 羽毛球运动发球与接发球技术

一、羽毛球运动的握拍方法

在羽毛球各项基本技术中，握拍是最简单但又最易被初学者疏忽的一项技术。看起来，握拍很容易，谁都能抓起球拍挥舞几下，但要想提高球

技，打起球来得心应手，就非得从握拍这最简单、最基本的一环学起，掌握适合自己的握拍方法。以下是几种基本握拍方法的图例。

握拍方法总体分正手握拍和反手握拍两种。下面分别加以介绍。

（一）正手握拍

正确的握拍方法是先用左手拿住球拍杆，使拍面与地面垂直，然后张开右手，使手掌下部（小鱼际）靠在球拍打握柄底托，虎口对着球拍柄窄的一面，小指、无名指、中指自然地并拢，食指与中指稍稍分开，自然地弯曲并贴在球拍柄上。（如图2-5）

图2-6

种是在正手握拍的基础上，把球拍框往外转，拇指伸直贴在拍柄的宽面上，食指、中指、无名指、小指并拢。另一种是正手握拍把球拍框外转，拇指贴在球拍柄的棱上，食指、中指、无名指、小指并拢。反手握拍时，手心与球柄之间要留有空隙，这样握拍有利于手腕力量和手指力量的灵活运用。

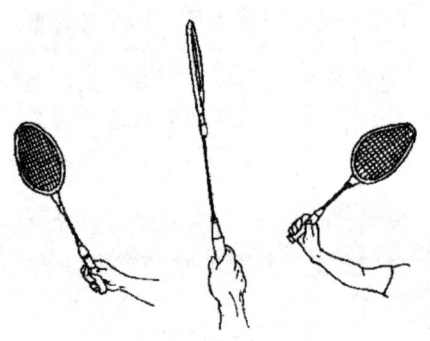

图2-5

在击球之前，握拍一定要放松、自然，在击球的一刹那才紧握球拍。

（二）反手握拍

一般说来，反手握拍有两种：一

在了解以上正确的握拍方法之后，应对照一下自己以前的习惯握法，如出现下面几种错误握法，应尽快加以纠正：拳握法，即一把抓；食指伸直按在拍柄上部；虎口贴在拍柄宽面；柄端露出太长。

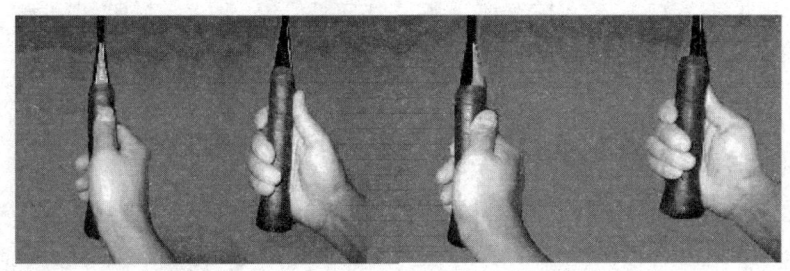

图2-7

正确的握拍学起来容易，但在实际运用中却要花一定的功夫才能掌握。因为在击球要领还未掌握时，握拍常容易走样，以致动作重新回到原来的错误习惯上去。所以，在练习击球时，要随时提醒自己，检查握拍是否正确，经过一段时间后，就会形成正确的握拍习惯。

二、发球

发球是羽毛球基本的重要的技术之一。羽毛球发球虽不能像乒乓球发球那样使球产生各种旋转，但它可以通过不同的发球手法，发出不同弧度、不同落点的球来控制对方，为本方创造进攻得分的机会。因此，羽毛球的发球应引起初学者的充分重视。

发球可分为正手发球和反手发球。一般来说，发网前球、平快球、平高球均可以用正手发球或反手发球的技术来完成，而发高远球，则须采用正手发球。

（一）正手发球

发球站位：单打发球在中线附近，站在离前发球线约1米。双打发球站位可靠近前发球线。

准备姿势：身体左肩侧对球网，左脚在前，右脚在后，重心在右脚上，右手持拍向右后侧举起，肘部放松微屈，左手拇指、食指和中指夹住球，举在胸腹间。发球时，身体重心由右脚移至左脚。

图2-8

用正手发球，不论是发何种弧线的球，其发球前的姿势都应该一致，这样就会给对方的接发球造成判断上的困难。正手发球种类：1. 高远球 2. 平高球 3. 平快球 4. 网前球。

（二）反手发球

反手发球的特点是动作小、出球快、对方不易判断。在双打比赛中多采用此发球技术。

发球站位：站在前发球线后 10～50 厘米及发球区中线的附近，也可以站在前发球线及场地边线附近的地方（双打比赛中，从右场区发球时可以看到）。

准备姿势：面向球网，两脚前后站立（左脚或右脚在前均可），上体稍前倾，身体重心在前脚上。右手反手握拍，左手拇指、食指和中指捏住球的二三根羽毛，球托明显朝下（避免犯规），球体与拍面平行或球托对准拍面放在拍面前方。

发球动作要领：击球时，小臂带动手腕朝前横切推送。发网前球时，用力要轻，主要靠"切"送；发平快球时，发力要突然，击球时拍面要有"反压"动作。

图 2-9

三、接发球

发球接发球是一对矛盾。发球方想方设法发出各种不同弧线的球，以此来控制对方；二接发球方则后发制人，来达到反控制的目的。羽毛球比赛就是在这种控制与反控制的争夺中给人以刺激、乐趣和启示。

接发球的站位：不论是单打还是双打，都应选择一个合理的接发球站位。一般情况下，单打的接发球站位离前发球线约 1.5 米处；在右发球区应站在靠中线的位置，在左发球区则站在中间稍偏边线的位置，主要防备对方发球攻击反手部位。双打接发球时站位可靠近前发球线，因双打的后发球线距前发球线比单打短 0.76 米，发高远球易被扣杀。所以，双打接发球主要精力应对付发网前球上。

接发球的准备姿势：单打接发球应左脚在前，右脚在后，侧身对网，重心在前脚，后脚脚跟稍提起，收腹含胸，持拍于身前，两眼注视对方。

双打接发球准备姿势基本同单打，但重心可随意放在任何一只脚上，球拍高举在肩上，注意力要高度集中。至于在比赛中如何还击对方发来的各种不同弧线的球，这就牵涉到各种击球技术和战术问题了，这里不多叙述。

第二节　羽毛球运动的击球、吊球与杀球技术

一、击球技术

（一）后场高空击球技术

后场高空击球也称后场上手击球，即在尽可能高的击球点上，还击对方向底线附近击来的高球。它具有主动性强，击球力量大等特点，可给对方造成较大的威胁，是初学者首先必须学好的技术。

高远球的特点是球的弧线高、滞空时间长，它的作用是逼迫对方远离中心位置退到底线去接球，一方面可减弱对方进攻的威力，为我方进攻寻找机会，另一方面在己方被动情况下，有较多的时间来调整站位，摆脱被动局面。

上手击高远球分为：正手击高远球；反手击高远球；头顶高远球。

图 2-11

阳光快乐体育

1. 正手击高远球

击球前的准备动作要领：首先判断来球的方向和落点，侧身后退使球在自己右肩稍前上方的位置，左肩对网，左脚在前，右脚在后，重心在右脚上左臂屈肘，左手自然高举，右手持拍，大小臂自然弯曲，将球拍举在右肩上方，两眼注视来球。击球时，由准备动作开始，大臂后引，随之关节上提明显高于肩部，将球拍后引至头后，自然伸腕（拳心朝上），然后在后脚蹬地、转体和腰腹的协调用力下，以肩为轴，大臂带动小臂快速向前上方甩动手腕，在手臂伸直的最高点击球。击球后，持拍手臂顺惯性往前下方挥动并收拍至体前。与此同时，左脚后撤，右脚向前迈出，身体重心由后脚移到前脚。

图 2-12

正手击高远球可以用不起跳或起跳进行击球。后者是为了争取高点击球，以赢得时间上的主动，但对步法技术和体力要求较高。因此，初学者一般先学不起跳正手击高远球。待熟练掌握后，再根据自己的特点和场上的情况综合运用这两种击球方式。

2. 反手击高远球

当对方将球击到本方左后场内，以反手将球击回对方底线去的高远球击球法称之反手击高远球。它的特点是节省体力，对步法要求也不高，在被动情况下，可采用反手击高远球过渡，帮助自己重新调整站位。

动作要领：首先判断准对方来球的方向和落点，迅速将身体转向左后方，步法到位后，右脚前交叉跨到左侧底线，背对网，身体重心在右脚上，使球在身体的右肩上方。击球前，由正手握拍迅速换为反手握拍，并持拍于胸前，拍面朝上。击球时，以大臂带动小臂，通过手腕的闪动、自上而下的甩臂将球击出。在最后用力时，要注意拇指的侧压力与甩腕的配合，同时还要利用两腿的蹬地、转体等协调全身用力。

3. 头顶击高远球

在自己的左后场区，用正手在头顶中间部位或在左肩上方将来球击到对方底线去的高远球击球法称头顶击高远球。这种击球动作是我国运动员对羽毛球技术发展的一项贡献。它较反手击球主动性强，具有更大的攻击性，初学者应努力学好头顶击高远球技术。

动作要领：击球前的准备姿势以及击球动作同正手击高远球基本一致。不同的是头顶击高远球的击球点在左肩上方（因为球是飞向左后角的）。准备击球时，侧身（左肩对网）稍左后仰。击球时，大臂带动小臂使球绕过头顶，从左上方向前加速挥动，在用力击球时，注意发挥手腕的爆发力和充分利用蹬地以及收腹的力量。击球后，左脚在身后着地并立即回蹬，同时右脚前移，重心移至右脚。

（二）前场网上击球技术

不管是在什么级别的比赛中，如果一个运动员不善于或不会在网上击球，那就很难取得主动权，而且这个弱点也很容易被对方抓住，并进行针对性的攻击。

网上击球是调动对方、寻找战机的重要手段，并可直接得分。因它的技术动作轻松而细巧，运用力量要求控制适度，所以在学习网上击球时，除了要注意动作规范之外，还应细心体会击球时手腕、手指的细小感觉。

准备姿势：侧身对网，右脚跨步称弓箭步，左脚在后自然拉开，上体略有前倾，右手持拍前伸约与肩平，肘关节微曲。注意握拍要放松。

网上击球有：搓球、放网前球、

钩对角球、推球、扑球。下面分别介绍之：

1. 搓球

图 2 – 13

图 2 – 14

击球前准备姿势同上。击球时，拍面稍前倾，利用手腕和手指的力量向前"切削"球托底部或向后"提拉"，使球击出后旋转或滚动过网。搓球一般在对方来球较靠近网上时运用。正反手搓球除握拍不同外，其他要领相同。

2. 放网前球

准备姿势同上。击球时，拍面稍朝前下方倾斜，前臂带动手腕和手指用前送动作球托底部。正反手搓球除握拍不同外，其他要领相同。

图 2 – 15

3. 钩对角球

在网前把来球回击到对角线网前叫钩对角球。准备姿势同上。击球时，拍面斜向对方右（左）网前。正手钩对角线时击球托的右侧，手腕和手指带动球拍向左内钩动；反手钩对角时，击球托的左侧，同时向右内钩动。

图 2 – 16

图 2-17

4. 推球

在网上将来球用较平的弧线快速推到对方场区底线叫推球。准备姿势同上。击球时拍面前倾几乎与网平行。利用前臂带动手腕和手指的快速"闪动"将球击出。正手推球多用食指力量，反手推球多用拇指的力量。

图 2-18

5. 扑球

在网上把高于网的来球迅速扑压下去叫扑球。击球时，拍面前倾，前臂带动手腕和手指的快速闪动发力，击球后立即收拍，以免触网犯规。扑球时要求判断准、上步快、抢点高、动作小。正反手均可。

图 2-19

（四）下手击球技术

下手击球一般是在防守时所采用的击球技术。它虽然不像上手击球那样具有进攻性威胁，但如运用得当，往往也能起到守中有攻的效用。因此，对下手击球技术，不论是有较高水平的运动员还是初学者，都应引起重视。特别是初学者，往往重攻而轻守，这样就会影响技术的全面掌握和提高。

下手击球有：底线抽球；挑球；接杀球。

1. 底线抽球

底线抽球主要是为了对付长杀球、平推球或对方突然回击的平高球使自己较被动地退到底线去接球时采用的一种击球技术。它可以分正手和反手两种抽球。

图 2-20

2. 挑球

把对方来的吊球或网前球还击到对方后场去叫挑球。它是在被动情况下为了争取回场时间而采取的一种过渡性质的击球。它虽然不能给对方造成威胁，但如果能将球挑得高，挑得远（靠近对方场地底线），就能为自己回到场地中心位置赢得时间。

图 2-21

3. 接杀球

把对方杀过来的球还击到对方场区去叫接杀球。接杀球看起来很被动，但当对方杀球质量不高时，接杀球如处理得当，就会本方创造转守为攻的机会或直接还击得分。

图 2-22

4. 接杀近身球

所谓接杀近身球即对方杀球的落点离身体不远，不需移动脚步而在原地即可进行还击。击球时，主要依靠前臂、手腕的发力。用力大小和拍面变化要根据对方杀球的力量大小和己方回击的不同落点而变化。一般来说，回击网前球时，用力要轻，主要依靠对方来球的反弹力，拍面正对网稍后仰，球拍触球时可做"切削"或"提拉"缓冲来球力量；回击后场时，前臂和手腕用力要大些，要有抽击动作；当对方杀球质量较差时，可用推后场还击，其用力以手腕为主向前稍上方"甩"腕。

图2-23

（五）中场平击球

中场平击球技术主要是对付对方击来的弧线平于或稍低于网，且落点在中场附近的低平球时所采取的回击技术。在双方比赛中多采用这种技术。它的击球点在与肩同高处或在肩腰之间。因为来球的速度较快、弧线较平，所以击出的球速也较快、较平，因而中场平击球也是一种对攻的技术。它有正、反手中场平抽球。

1. 正、反手中场平抽球

正、反手中场平抽球主要是对付对方来球中离身体较远的平球。人站位于中心附近，两脚左右开立，面对球网，两膝微屈，右手持拍于体前。击球时，判断准来球并向右（左）侧横跨一步，同时挥拍依靠前臂和手腕的闪动发力击球。正手平抽球时，多用食指的力量向前发力；反手平抽球时，多用拇指的反压力朝前发力。此外，不论是正手还是反手中场平抽球，其击球点都应争取在身体侧前方，这更便于手臂的发力。

图2-24

二、吊球技术

把对方击来的后场高球还击到对

方的网前区的击球法谓之吊球。它的作用是调动对方站位，以利步法组织进攻。在后场若将吊球与高球或杀球结合起来运用，就能给对方以很大的威胁。

吊球可以用正手、反手或头顶击球技术来完成。对于初学者来说，首先要学好正手吊球技术，然后再学头顶吊球及反手吊球。吊球按球在空中飞行的弧线和击球动作的不同可分劈吊（快吊）和轻吊（拦截吊）两种。但不论哪种吊球，其击球前的准备动作应与击高远球一样，也保持动作的一致性，使对方不易判断己方打出的是什么球。

下面分别介绍正手、反手和头顶吊球的技术动作：

（一）正手吊球

（1）劈吊（快吊）击球前期动作同正手击高远球。击球时，拍面正面向内倾斜，手腕作快速切削下压动作。若劈吊斜线球，则球拍切削球托的右侧，并向左下方发力；若劈吊直线，则拍面正对前方，向前下方切削。

图 2-25

（2）轻吊（拦截吊）击球前期动作同正手击高远球。击球时，一种轻吊时的拍面变化同劈吊基本一致，但用力要更轻些；另一种是击球时，拍面正击球托或借助于来球的反弹力用球拍轻挡，使球过网后贴网而下。后者多用于拦截对方击来的平高球和半场高球。

（二）反手吊球

反手吊球其击球前的动作同反手

击高远球，不同处也在于触球时拍面的掌握和力量运用。吊直线球时，用球拍反面切削球托的后中部，向对方右网前发力；吊斜线球时，用球拍反面切削球托的左侧，朝对方左网前发力。

图2-26

（三）头顶吊球

头顶吊球也可作劈吊和轻吊。其击球前的动作同头顶击高远球一样。不同的是球拍触球时拍面变化和力量的运用。吊直线球的动作同正手吊直线球基本一致，只是击球点不同；吊斜线球时，球拍正面向外转，切削球托的左侧，朝右前下方发力。

三、杀球技术

把对方击来的高球全力向下扣压叫杀球。杀球的特点是力量打、速度快。它是主动进攻的重要技术。杀球分正手杀球、反手杀球和头顶杀球。下面分别进行介绍：

图2-27

（一）正手杀球

其击球前的准备姿势和击球动作

与正手击高远球基本一样。不同的是最后用力的方向朝下,而且要充分利用蹬地、转体、收腹以及手臂和手腕的爆发力全力地将球向下击出,击球的一刹那要紧握球拍。

(二) 反手杀球

其准备姿势和击球动作与反手击高球一样。但最后用力的方向朝下,而且要加快手臂和手腕朝下的闪动。击球点应尽可能高些、前些,这样便于力量的发挥。

反手杀球虽然力量不大,但有其突发性。一般在实战中,趁对方不备,偶尔用反手杀球(因反手杀球威胁不大,对方思想放松)也会收到出奇制胜的效果。

图 2-28

(三) 头顶杀球

准备姿势和击球动作与头顶击高球一样。不同的是击球时要充分利用腰腹力量,以大小臂带动手腕快速下扣。头顶杀球是一种重要的进攻性技术,也是我国运动员在左后场区进攻的主要手段。它弥补了反手击球力量不足的弱点。初学者如能掌握好头顶扣杀技术,便会使对方难以对付。

杀球时易出现的错误:击球点过后或过低,影响手臂发力;击球前动作过分紧张、僵硬,有劲使不出;挥臂时以肘为轴,影响大臂发力;击球时手腕下"甩"不够,往往造成杀球出界等等。

图 2-29

不管用哪种动作杀球均可作重杀、轻杀、长杀、深杀、直线扣杀、斜线扣杀。重杀时要全力扣压;轻杀时用力介于重杀和劈吊之间;长杀是将球杀向对方场区底线附近;深杀落点在中场附近。总之,杀球时只要通过手腕和手指控制拍面、倾斜角度、用力方向和大小,就可扣杀出不同的球来。这些不同形式的杀球主要是为了战术的需要和根据对方站位的情况灵活加以运用。

初学打羽毛球的人在平时练习和比赛中可能对打高球不感兴趣,见到高球就想扣杀,其结果是适得其反,消耗体力,达不到好的效果,还往往使自己处于被动状态,因此,初学者在学习杀球技术之后,不能在比赛中盲目滥用,而是要通过打高球和吊球来为扣杀创造机会,这样才能使杀球显出更大的威力。

第三节 羽毛球运动的基本战术

一、各种类型的打法

羽毛球的打法是指根据各个具体人的技术情况、身体素质、思想意志等条件而培养形成的各自不同的打法类型;战术则是指根据对手的技术、打法、体力和思想意志等因素所采取的争取比赛胜利的一种对策。打法与战术虽不能等同,但相互间有着密切的联系。打法和战术的基础是技术,而技术的不断发展,又能促进打法和战术的更新和提高。

初学者在掌握了一定的基本技术之后,就应了解一些羽毛球的打法和

简单战术,并能找出一些适合自己特点的打法,掌握一些在比赛中运用的战术原则。现简单介绍如下:

(一) 单打打法

1. 压后场底线

这是一种以高球压对方后场底线,迫使对方后退,然后寻找机会以大力扣杀或吊网前空当争取得分的打法。这是初学者必须学会的基本打法。运用这种打法对付后退步子较慢或基本技术掌握较差的对手是十分有效的。应当注意:压后场时,不论是高远球还是平高球,都要压得狠、压得低,如果压后场软绵无力且达不到底线,则易遭受对方的攻击,致使这种打法失效。

2. 打四方球

以高球或吊球准确地将球击到对方场区的4个场角,调动对方前后左右跑动,打乱其阵脚,在对方来不及回中心位置或回球质量较差的对手较为有效。它要求运动员本身有较强的控制球能力和快速、灵活的步子,及较强进攻能力。

3. 快拉快吊

以平高球快压对方后场两底角,配合快吊网前两角,吸引对方上网,

以网前搓球、钩对角球结合推后场底线,迫使对方疲于奔命、被动回球,从而为本方创造中后场大力扣杀或网上扑杀机会。这是一种积极主动、快速进攻的打法。它要求运动员有较全面的攻守技术,且手法准确熟练、步子快速灵活。

4. 后场下压

本方在后场扣杀对方击来的高远球,结合吊球,迫使对方被动挡网前球,这时可趁机主动快速上网搓、推球,创造机会,再以重杀或劈杀结束战斗。这是一种全攻型的打法,具有先发制人、快速凶狠等特点。它要求运动员体力好、连续大力扣杀的能力强、脚步移动快而积极。

5. 守中反攻

这种打法是利用拉、吊四方球及防守中的球路变化,调动对方,伺机反攻(扣杀、吊或平抽空当)。此打法较适合本身进攻能力不强,但防守技术较好、反应较快、身体灵活且身材较矮的选手。

(二) 双打打法

1. 快攻压网

从发球抢攻开始,以左、右分边站位,平抽平打快速杀球为主,压在

前场进攻。这种打法要求运动员要有较好的半场平抽打技术和较强的封网意识，力争在前场结束战斗。

2. 前场打点

通过网前搓、钩对角及推半场球或找空隙进攻，打乱对方站位，创造后场进攻机会。它要求运动员有细巧的网前技术。

3. 后攻前封

两运动员基本保持前后站位，后场逢高球就下压，当对方还球到前半场或网前时，即予以致命的扑杀。这种打法要求站在后场的运动员具有连续扣杀的能力，站在前场的运动员具有较强的封网意识和技术。

4. 抽压底线

以快速的平高球或长抽球压住对方底线两角，即使在对方扣杀时也能以平抽反击或挑高球达到对方两底角来调动对手，伺机进攻。它要求运动员具有较强的防守能力和较好的底线平抽球技术。

二、怎样选择打法

选择羽毛球的打法需要注意自身的以下几个因素：

（一）身体条件

一般来讲，身材的高矮、力量的大小、体力的好差等等，都可影响到打法的选择。例如，身材较高、力量较大的人可以攻击性较强的后场下压的打法为主；身材不高，但体力好、身体较灵活者，可以守中反攻的打法为主等等。

（二）技术掌握情况

基本技术掌握较全面、攻守技术较佳者，可以快拉快吊打法为主、杀球技术掌握得很好，且杀球有力、落点控制较好，网前技术也不错者，则以后场下压、上网控制网前的打法为主；控制球的能力较强，且有耐心者，则可选择打四方球；防守技术掌握得很好，且步子灵活、移动快，则可选择守中反攻的打法为主等等。

（三）性格和气质特点

性格属外向型，且气质类型又为胆汁质者，较适合于选择全攻型的打法；性格内向，气质类型又为黏液质者，宜选择打四方球，活守中反攻的打法；性格属中间型，气质类型为多血质和黏液质混合型者，则以选择攻守俱全的快拉快吊的打法较好。

另外，还应针对不同的对手采用不同的打法，以扬己之长，克彼

之短。

以上各因素，对选择打法的影响并不是单一孤立的，更不是绝对的。它们互相适应，互为补充：身材虽较高但性格内向者，选择防守型的打法也会占先；个子虽不高，但弹跳力强、步子移动快速灵活、杀球技术很好，且性格又外向者，选择攻击型的打法常能取得主动。总之，选择的打法类型应倾向于使自己各方面都能充分地得以显示为好，切不可不顾自身特点，更不能机械地模仿别人。

三、战术简介

战术与打法的关系是很密切的。在实战中，战术是根据双方的打法和场上的具体情况而定的。"以己之长，攻彼之短"是一大原则，现简单介绍一些常用的战术如下：

（一）单打战术

1. 发球抢攻战术

从发球的第一拍起，争取控制对方，以攻杀得分。这种战术，一般为发网前低球结合平快球、平高球，争取第三拍的主动进攻。用这种战术对付应变能力较差的对手，或实施于比赛的关键时刻，效果往往很好。实施这一战术时，应有高质量的发球予以保证，否则很难成功。

2. 攻后场战术

此战术是通过击高球、重复压对方的底线两角，造成对方的被动，然后寻找机会进攻。用它来对付初学者，或后场还击能力较差，或后退步子较慢以及急于上网的对手是很有效的。

3. 攻前场战术

对网前技术较差的对手，可运用此战术先将其吸引到网前，然后再攻击其后场。采用此战术，自己首先要有较好的网前击球技术。

4. 打四方球战术

若对手步子较慢、体力较差、技术不全面，可以快速准确的落点攻击对方场区的四个角落，寻找机会向空当进攻。此战术的主要目的是通过打落点，逼迫对方前后奔跑、被动应付，并在其回球质量下降或露出破绽时乘虚而入而攻之。

5. 杀、吊上网战术

对对手打来的后场高球，本方先以杀球配合吊球把球下压，落点选在场区的两条边线附近，致使对手被动回球。若对手回网前球时，本方迅速上网搓球、钩对角球或平推球，创造在中场大力扣杀的机会。这种战术必须能很好控制杀、吊球的落点，在使对方被动回球时，才能主动迅速上网。

6. 打对角线战术

对付身体灵活性差、转体较慢的对手，不论是进攻还是防守，均应以打对角线球为主。这样，对方因移动困难而被动，为我方创造进攻机会。

7. 防守反击战术

在对方主动进攻、我方被动防守时，我方可高质量地接杀挡网；或抓住对方攻杀力量减弱，或落点不好之机会，以平抽底线球还击对方后场，扭转被动局面，并进行反击。

（二）双打战术

双打比赛不仅仅是竞赛双方在技术、战术、体力上的较量，同时也是双打同伴相互配合程度的较量。因此，在学习双打战术之前，首先要了解两人之间站位形式上的配合。

一般情况下，有两人一前一后站位和两人分边（左、右）站位两种形式。一前一后站位即在后场的人分管后半场的球，站在前场的人则负责后半场的球。这种站位形式有利于进攻，而不利于防守。所以，一般在本方进攻时多采用此站法。分边站位多在防守时采用，这样，各人分管半边场地，在防守时就没有什么空当了。

站位形式不是固定不变的，它在比赛中随着进攻与防守之间的不断转换而变化。现举两例，简单加以说明：

例一：进攻转防守时两人之间的配合。

甲方 A 队员在后场杀对角线，乙方一队员将球挡至网前；甲方 B 队员由于封网不及，被动上网挑高球，然后退至左半场，A 队员迅速从后场移至右半场，呈分边站位准备防守。

例二：防守转进攻时两人之间的配合。

甲方 A 队员将对方杀球挡至网前，对方被动挑后场；甲方 B 队员迅速从中场移至后场进攻，而 A 队员则移至网前准备封网，呈前后站位。

双打轮转站位多在配对选手水平相差不大时采用。如果技术水平悬殊较大，则水平高者固定站在后场，他除了主要负责后半场的来球之外，同时还兼顾中场附近或前场的球。在混双打中，这种前后固定站位形式是较普遍的（男队员站后场，女队员站前场）。

总之，双打比赛对配对之间各方面的要求较高，其配合的方法也较多，初学者要通过实战的练习，才能逐步掌握其规律。

下面简单介绍双打的战术：

1. 攻人战术

集中攻击对方中有明显弱点的人，并伺机攻击另一人因疏忽而露出的空当，或对此人偷袭。双打比赛中的配对选手的技术，一般总有一人好，另一人稍差些。即便两人水平相差不多，但若能集中力量攻击其中一人，也可给其造成很大的心理压力，从而使其出现失误。

2. 攻中路战术

当对方分边站位防守时，将球攻击对方两人的中间；当对方前后站位时，可将球下压或平推两边半场。这样可使对方防守时互相争抢或互让而出现失误。

3. 攻后场战术

对方扣杀能力差，本方可采用平高球、推平球、接杀挑底线，把对方一人紧逼在底线两角移动。当对方被动还击时，则抓住机会大力扣杀。如另一对手后退支援时，即可攻网前空当。

4. 后攻前封战术

当本方处于主动进攻前后站位时，站在后场的队员见高球就杀或吊网前球，迫使对方接球挡网前，这为本方前场队员创造了封网扑杀机会。前场队员要积极封锁网前，迫使对方被动挑高球。一旦对手挑高球达不到后场，就为本方创造了再进攻的机会。

5. 防守反攻战术

在防守中寻找反攻的机会，以便摆脱困境，转被动为主动。例如：挑底线高球，即不论对方从哪里进攻，本方都应设法把球挑到进攻者的另一边底线。如对方正手后场攻直线，就挑对角线，如对方攻对角就挑直线。这是一种较容易争得主动的防守战术，在女子双打中运用更为有效。时机有利，即可运用反抽或挡网前回击对方的杀球，从守中反攻，争得主动权。运用此战术时，要注意挑高球一定要挑到底线，否则将会出现对方连续攻杀而本方无力反击的局面。

四、如何运用战术

在羽毛球比赛中，如何正确地运用战术是一个很重要的问题，运用得当，可使自己牢牢地掌握场上的主动权。相反，错误的战术则使自己处处被动。当然，在双方技术水平悬殊太大时，再合理的战术也无济于事。只有在技术水平相当的情况下，战术才能起到决定的作用。正确运用战术时，应注意以下 3 个问题。

（一）知己知彼

知己知彼是制定战术的依据。如了解到对方的网前技术较差，那么对付他的主要战术应当是攻前场；对手的身体灵活性较差，那就多运用打对角线战术。知己知彼，还有一层意思，即了解对方短处、己方之长处的同时，了解对方的长处和自己的短处，以制定出避实就虚、扬长避短的战术。

（二）以我为主

不论运用哪种战术，都要坚持以我为主的打法。以我为主即比赛时坚持赛前所制定的战术，而不能因比赛中出现了一两次失误即刻就盲目地改变战术。另外，以我为主还应在比赛中坚持自己的打法特点。因为每位选手的打法特点是经过各方面的选择后和在长期的练习中形成的，不能轻易更改，否则必将失去自身的优势。

（三）随机应变

球类比赛场上的情况是千变万化的，为此，对战术的运用也必须有应变的能力。在比赛中，选手除了要坚持既定的战术之外，还要不断地检验

战术的效果。如在比赛时频频得手，打得很顺当，就应当将战术坚持下去，如双方僵持不下或本方比分落后，本方应尽快找出原因，改变对策，制定新的战术。例如，本方原以打网前球为主，交手后对方主动靠前站位保护前场，这时，本方就应一改初衷，去压对方的后场。再如，本方原施行打杀、吊上网为主的战术，面对出色的防守，就不妨改用打四方球战术，以准确的落点来调动对方的站位，使其被动后，再实施进攻战术；当自身的特长打法被对方所遏制时，本方可以辅助打法去摆脱对方，使其战术失效。总之，根据临场情况随机应变，才能保证在比赛中经常处于主动地位。

第三章　羽毛球运动快乐速成途径

"快乐来自于健康，健康来自于运动"，快乐羽毛球运动是指日常生活中羽毛球运动而非竞技运动。其运动理念为：乐、道、和。其中"乐"是直观感受、"道"是最高境界、"和"是核心理念。本章从羽毛球技术入门速成练习、羽毛球运动的步法与综合练习、战术入门速成练习和羽毛球运动身体素质快乐练习4个方面入手，进而降低快乐羽毛球运动的实施范围对外界的要求。快乐羽毛球运动训练的根本是心态的调适问题，用"圆方训练法"进行技艺训练，采取由小圆到大圆，由单圆到多圆的层进方略，把握圆中求方而不是方中求圆的关键。

图 3-1

第一节 羽毛球技术入门速成练习

启蒙阶段的技术训练是极其重要的,它是关系到一个人能否真正打好羽毛球的最关键的一环。下面主要从技术动作练习和固定球路练习两个方面来进行讲解。

一、技术动作

1. 上手动作练习

(1)反复熟练上手击球前的准备姿势。左脚在前,右脚在后,重心在右脚上,左臂自然上举(成手指球动作),头稍后仰,右手正手握拍于右侧,上臂与右侧身体和前臂的夹角各为45°。

(2)原地做转腰动作,同时右手臂自然向右后伸直并随腰绕动。

(3)右手正手握拍随转腰同时向右后左前上方挥动,当右臂绕至左肩上方时,前臂由外旋改成内旋,手腕内收带动球拍做头顶拍动作。

正手头顶高远球

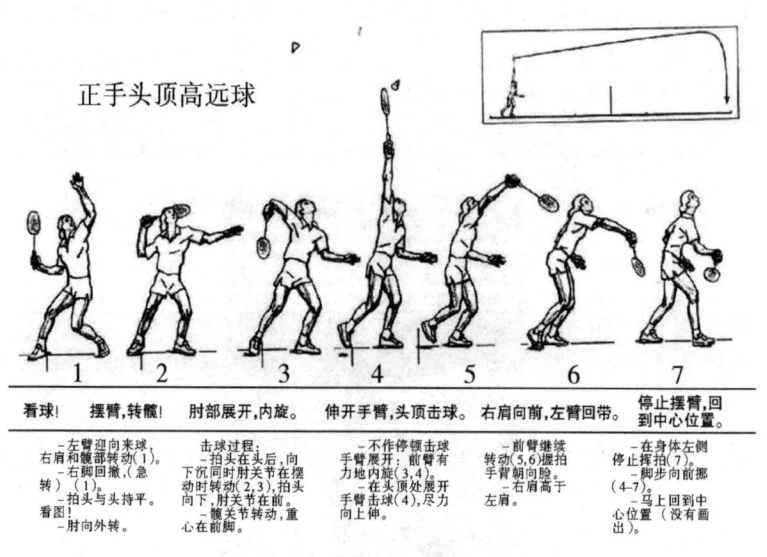

图3-2

(4)右臂平举于右侧,前臂与上臂的夹角成90°,以肘为轴,前臂做内旋至外旋的前后摆动,类似鞭打动作。

（5）上臂上举贴近耳朵，肘朝前，前臂后伸，在右肩上方做内旋和外旋的挥动。

图 3 - 3

图 3 - 4

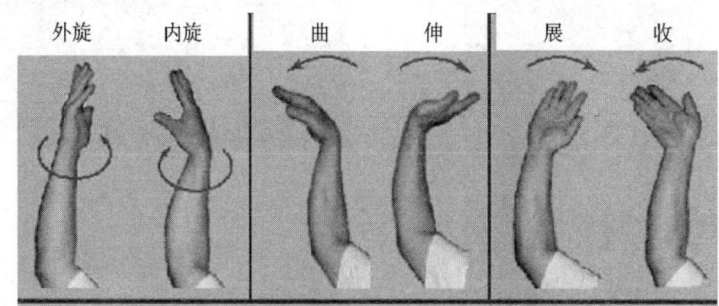

手腕的几种动作

图 3 - 5

2. 下手动作练习

（1）两臂自然下垂，做上臂内、外旋练习，前臂内、外旋练习，手腕外展、内收练习。

（2）右手持拍在体前做绕环练习。

3. 多球练习技术动作

如发高远球、平高球、平球、网前球、打高球、吊球、网前的放球、搓球、钩球、挑球等。

4. 各种技术动作的辅助练习

（1）用羽毛球、网球、乒乓球、垒球或小的实心球，向前上方投掷。通过投掷的甩臂动作反复领会上手击球的动作要领。

（2）练习抽鞭子的动作，以获得提高击球爆发力的效果。

（3）用苍蝇拍打苍蝇的动作，帮

助掌握网前扑球技术等等。

二、固定球路练习

1. 单项技术练习

（1）两人各站场地的一边，做打直线或对角线高球练习。

图3-6

图3-9

图3-7

图3-10

（2）两人各站场地的一边，做吊直线挑直线，吊对角线挑对角线的练习。

图3-8

（3）两人各站场地的一边，做网

前放直线球。

图 3-11

图 3-12

图 3-13

2. 结合技术练习

（1）吊网上练习。吊直线、对角线，上网放网前球练习。

图 3-14

图 3-15

图 3-16

图 3-17

图 3-18

（2）杀上网练习。杀直线、对角线，上网放网前球练习。

（3）高杀练习。拉直线杀对角，拉对角杀直线练习。

图 3-19

图 3-20

第二节　羽毛球运动的步法与综合练习

一、羽毛球的步法

（一）上网步法

初学者在学习和掌握了发球和原地击高远球技术之后就应该开始学习一些步法了。因为羽毛球的步法和手法（即各种击球法）是相辅相成、不可分割的。许多击球技术都是靠熟练、快速、准确的步子移动来完成的。不掌握正确的步法，就会影响各种击球手法的学习和掌握，而在比赛中如没有到位的步子，就会使手法失去应有的积极作用。主要的步法有：上网步法；后退步法；两侧移动步法；起跳腾空突击步法。

上网步法包括：跨步上网；垫步或交叉步上网；蹬跳上网。

不论用哪种步法上网，其上网前的站位及准备姿势都是一样的。即站位取中心位置，两脚左右开立（稍有前后），约同肩宽，两膝微屈，两脚前脚掌着地，后脚跟稍提起并左右微动；上体稍前倾，右手持拍于体前，两腿注视对方的来球。

1. 跨步上网

判断准对方来球后，左脚掌内侧用力蹬地并侧身向来球方向迈出，接着右脚也向前迈一大步，以脚掌外侧和脚跟先落地，再过渡到前脚掌，右膝关节弯曲并成弓箭步。紧接左脚自然地向前脚着地方向靠上小半步。击球后，右脚蹬地用小步、交叉步或并步回到中心位置。

跨步上网时注意事项：右腿成弓箭步时，要防止因上网前冲力过大使重心越过右腿而失去身体平衡。另外，前脚脚尖应朝着边线方向，而不应朝向内侧。

图3-21

2. 垫步或交叉步上网

判断准对方来球后，右脚先迈出一小步，左脚立即向右脚垫一小步（或从右脚后交叉迈出一小步），左脚着地后，脚内侧用力蹬地，右脚再向网前跨一大步成弓箭步身体重心在前脚。击球后，前脚朝后蹬地，小步、交叉步或并步退回到中心位置。

垫步或交叉步上网的优点：步子调整能力强，在被动情况下，能利用蹬力强、速度快的特点迅速调整脚步，去迎击来球，垫步或交叉步上网的注意事项同跨步上网。

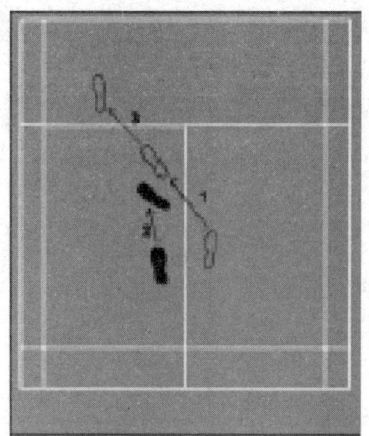

图 3-22

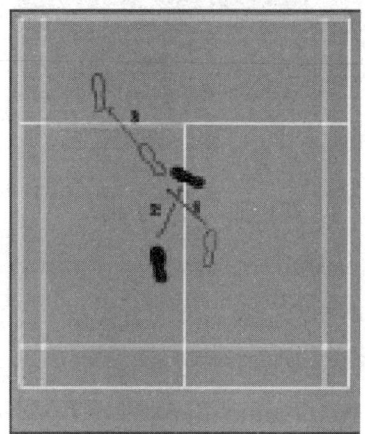

图 3-23

3. 蹬跳上网

蹬跳上网是在预先判断来球的基础上，利用脚的蹬地，迅速扑向球网，以争取在球刚越过网时立即进行还击。单打或双打中常用此步法上网扑球。其步法是站位稍靠前，对方一有打网前球的意图后，右脚稍向前刚一点地便起蹬侧身扑向网前。击球后应立即退回中心位置。蹬跳上网既要快，又要防止因前冲力过大而触网或过中线犯规。

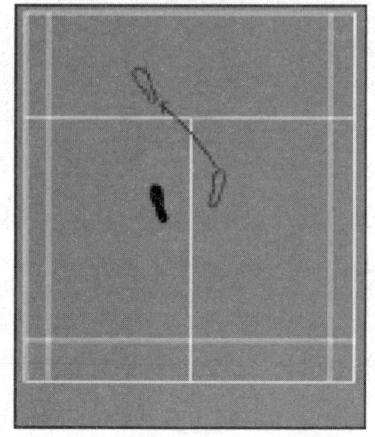

图 3-24

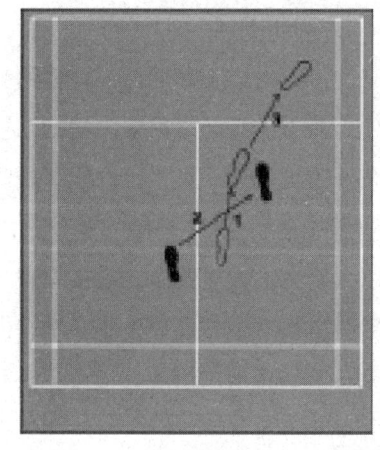

图 3-25

（二）后退步法

后退步法有右后场区后退步法和左后场区后退步法。右后场区后退步法主要是正手的后退步法；左后场区后退步法包括头顶后退步法和反手后退步法。

1. 正手后退步法

正手后退步法有并步和交叉步两种。实战中可根据场上情况和个人特点灵活使用。

判断准来球后，先调整重心至右脚，然后右脚蹬地迅速向右后撤一小步，同时上体右转，左肩对网，接着，左脚用并步靠近右脚（或从右脚交叉后撤一步），右脚再向后移至来球位置。在移动的同时，必须完成挥拍击球前预备动作，待球在右肩上方下落时，作正手原地或起跳击球。击球后，身体重心随右脚前移迅速用小步跑或并步回到中心位置。

图3-27

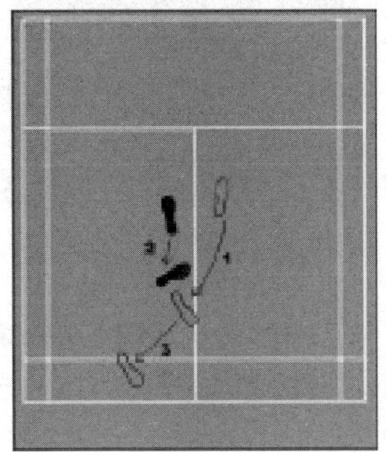

图3-28

2. 头顶后退步法

头顶后退步法是对方来球向左后场区，用头顶击球技术还击时所采用的后退步法。头顶后退步法也可用并步或交叉步移动后退。

判断准来球后，右脚蹬地撤向左后方，同时，髋关节及上体向右后方

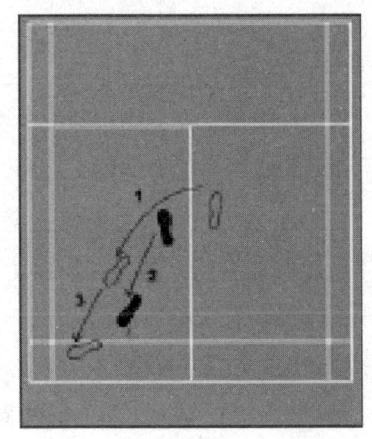

图3-26

转动（转动的幅度比正手后退要大些），且稍有后仰。接着，左脚用并步或交叉步后撤，右脚再退至来球位置用头顶击球技术击球。击球后，迅速回到中心位置。

图3-29

3. 反手后退步法

反手后退时，应根据离球距离的远近来调整移动步子。如离球较近，可采用两步后退步法。一种是左脚先向左后方撤一步，接着，上体左转，右脚向左后方跨一步，背对网。另一种是右脚先向左脚并一步，然后，左脚向左后方跨一步，同时上体左转，右肩对网作反手击球。如离球较远，则要采取三步或五步后退步法。三步后退时，右脚先向左脚并一步，左脚再向左后方撤一步，同时上体左转，

右脚再向左后方跨一步至来球位置，背对球网，作反手击球。如三步移动还未到来球位置，则左脚右脚再向后移动一步即成五步移动步法。

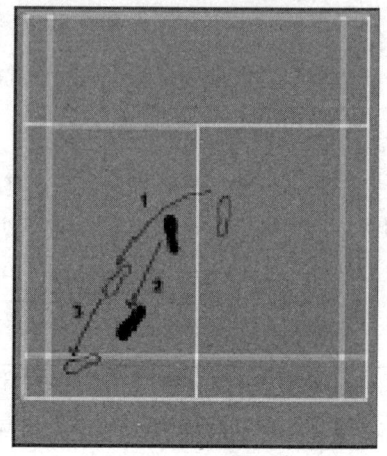

图3-30

（三）两侧移动步法

两侧移动步法多用于接对方的扣杀球和打来的半场低平球。其移动前的准备姿势及站位基本同上网步法。

1. 向右移动步法

判断准来球后，上体稍倾倒向左侧，用左脚掌内侧用力蹬地，右脚同时向右侧跨大步，髋关节随之右转、上体稍倾倒向右侧，重心在右脚上。若距来球较近，可采用上述动作，若距来球较远，则需左脚先向右脚垫一小步再起蹬，右脚同时向右侧跨大步。

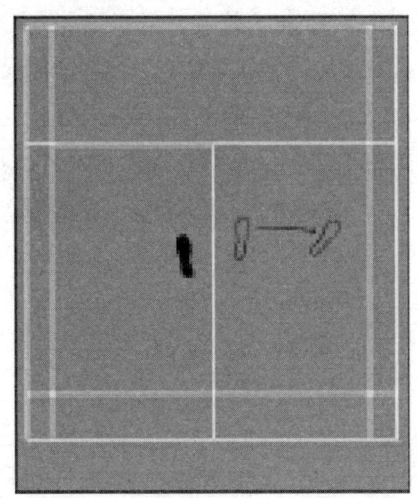

图3-31

2. 向左移动步法

判断准来球后,上体稍倾倒向右侧,用右脚掌内侧用力蹬地,左脚随髋关节的转动同时向左侧跨大步。若来球较远,左脚先向左侧移一小步,紧接着右脚往左侧方向起蹬并转身,向左跨大步。

后退步法有右后场区后退步法和左后场区后退步法。右后场区后退步法主要是正手的后退步法;左后场区后退步法包括头顶后退步法和反手后退步法。不论是哪种后退步法,其移动前的准备动作和站位皆同上网步法。

(四)起跳腾空突击步法

起跳腾空突击步法主要运用于向左、右两侧稍后的位置移动,突然起跳拦截对方击来的弧线较低的平高球。它的特点是起动快、动作突然,常在对方尚未站稳之际,给其以袭击,使对方防不胜防。

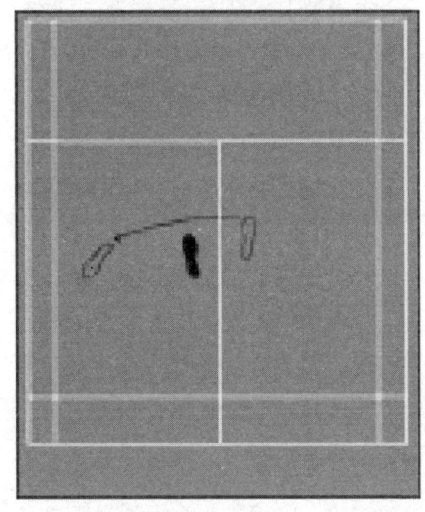

图3-32

当判断准来球飞向右侧底线且弧线较低时,右脚先向右后跨一步,接着左脚向右侧后蹬地,右脚起跳,身体向右侧后方跃起,截住来球,用正手击球技术扣杀或劈吊对方空当。当来球飞向左侧底线时,用右脚掌蹬地,左脚起跳,用特点击球技术突击对方。在运用起跳腾空突击步法时应注意击球后落地时,要控制好身体平衡,并立即回到中心位置。

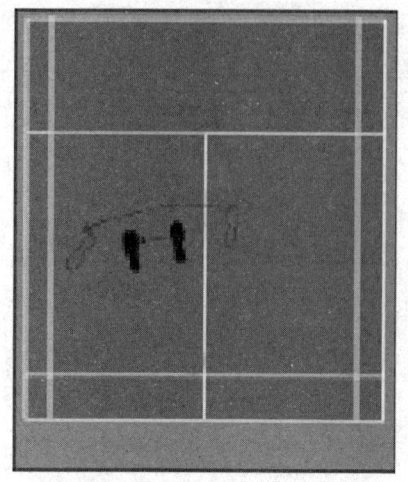

图3-33

对上述羽毛球步法中最基本的几种步法,初学者在平时的练习和比赛中,应按照要求去体会和掌握,并应该在比赛中不断地去摸索这些步子移动的规律,以适应比赛中瞬息万变的情况。

下面介绍步子移动中具有规律性的一些问题,对更好地去运用步法有很大的帮助。

1. 站位

不论是单打还是双打,在步子移动前应该选择一个有利的站位,这既有利于向各个方向运动去迎击来球,又可使对方不易找到攻击的空当。在一步情况下,上网步法或后退步法,其移动前的站位应有所变化。例如:己方网前技术较好,但后退步法较慢,其站位要适当偏后。以平高球控制了对方后场之后,对方被动地回一个网前球,这时己方站位应向前,准备迎击网前球。当在网前搓出既旋转又贴网的近网球时,站位可靠前些,因对方一步不可能有较大威胁的球;即使对方打后场球时,也只能被动挑高球(因己方搓球的质量很高),这时,己方有充裕的时间从网前回到后场。总之,步子移动前站位的选择不是固定不变的,合理、适当的站位常能使自己把握场上的主动权。

2. 站法

站法与双方的打法特点、来球的落点有密切的关系。一般的站法有两种:一是前后站,即右脚稍前和左脚稍前;二是平行站。防守或接两侧来球,多采用平行站法。上网或后退时,多采用前后站法。这两种站法各有利弊,但可以根据不同情况不断地变换站法。

3. 起动

起动是各种步子移动的前提,只有起动快,才能迅速到位。这不但能取得较高的击球点,争取时间的主动,还能更好地完成各种击球技术。

图3-34

图3-35

要做到起动快,应该注意以下要点:准备时,两脚不能站实(即以全脚掌着地),这样不利于蹬地起动,而应稍提脚跟,并使两脚保持微动。在起动前应提高预判能力,即根据对方击球的习惯动作,提前判断来球的方向,以便及早做好起动的准备。这一点对于初学者来讲往往是不容易的。但只要在平时的练习和比赛中细心观察、分析对手的击球特点和习惯动作,就会为预判提供依据。这也是一种心理训练。在学习打羽毛球的初级阶段,如能将这种心理训练很好地和技术、战术训练结合起来,就能很快地提高水平。

4.回动

所谓回动,就是在接球后,立即回到适当的位置(原则上同中心位置),准备接下一个来球。如不善于立即回动,则极易暴露自己的空档而遭到对方的攻击。若在后场吊对方网前球后,匆忙地朝前场跑;在前场放

了网前球后盲目往后退,这些都是回动不当的表现。要解决这些问题,首先要增强回动意识,每击完一球后,不停留在原地,也不盲目前后跑动,而是积极调整步子,原则上回到中心位置;二是在上网时要保持身体平衡,充分利用右脚的回蹬回动;三是后退时,最后一步重心要在右腿上,击完球后,身体重心应随右脚前移,上体前压,协助回动;四是不论是上网、后退,还是两侧移动,如出现脚步混乱,则应立即以小步尽快调整正常步子。

二、步法练习

(一) 单个步法练习

初练步法时,首先徒手按照各种步法点动作要领,一步一步分解后进行练习。这一阶段主要是体会出脚步的顺序及击球前最后的姿势。

(二) 综合步法练习

在熟练地掌握各单个步法点基础上,再将几个单个步法组合起来进行全场性点综合步法练习。初学者进行综合步法练习,一般要经过以下3个步骤:

1. 固定移动路线的步法练习

这一阶段主要是在固定移动路线上,熟悉各个单个步法的跑动路线。如:从中心位置开始,先后退至正手底线,然后回到中心位置,再上右网前,接着再回到中心位置,如此循环等等。

2. 不固定移动路线的步法练习

在熟练地掌握了各个固定方向的移动步法之后,就可进行不固定方向的全场移动练习了。练习者可随心所欲地在全场范围内进行步法练习。练习者也可在场外指挥者点指示下进行综合步法练习:指挥者指向网前区,练习者以上网步法进至网前;指挥者指向后场,练习者以后退步法退至后场。在进行不固定移动路线步法练习时应注意:不论是自练还是按场外指导指示练习都要避免惯性机械地移动步子,而应多做一些无规律点重复跑动,这样才能与实战结合起来。

3. 回击多球的步法练习

陪练者将多球先后发往练习者点前后左右场区,迫使练习者运用各种步法移动去迎击来球。此练习方法既可练步子又可练手法,练习密度大,实际效果好。

四、手法练习

（一）活握死抠

非击球状态下，球拍不能握死，拍柄要能灵活转动以便不同的击球动作；击球状态下，手指抠紧球拍，尤其是食指和拇指，保证击球动作干脆、线路明确。

（二）长挥短抖

击球时，尤其是长球和杀球时，肩膀和胳膊要完全放开，击球有力量保证并且大动作可以迷惑对方；在最后击球的瞬间，线路的变化以及落点控制全靠手腕的抖动。

（三）高压低抬

打后场球手腕要有前压的感觉，不然球速慢落点近容易受攻击；防守时手臂上抬要充分速度要快，避免被动挨打。

（四）远打近搓

后场球要先跑到位，胳膊带动手腕，幅度大用力猛；前场球小球，小臂伸出稳固，手腕和手指转动，幅度小用力巧。

（五）对拐平举

中前场放斜线短球，手腕要反拐上挑的动作；中前场平抽快球，球拍不放下，用小臂发力手腕紧绷。

（六）正侧反背

打正手球身体向后侧方转动，作为弥补，手腕控制拍面也要有相应角度的内侧转动；打反手球，身体完全展开背对敌手，手臂挥动距离长，手腕发力要及时到点。

（七）强迫缓挡

在进攻有利时，要不断加快进攻节奏，手臂手腕动作连贯而急促；在对方连续进攻时，主动通过轻挡放小球改变对方连续进攻的节奏，手臂手腕发力舒缓。

（八）柔舞脆击

羽毛球的所有动作都应该是很协调连贯的，甚至是轻柔的；但击球瞬间必须是干脆利落的，从腰部到手腕，击球发力应该有一个猛烈的停顿，接着又是协调连贯的身体动作。

五、综合练习

把单一基本技术（包括手法和步法）结合起来进行练习称综合练习。这种练习方法的特点是通过一定点套路配合，把手法与步法、进攻与防守等技术在前场和后场有机地结合在一起,从而提高基本技术在比赛中点实效性。初学者在较熟练地掌握了各个单一基本技术之后进行综合练习,可较快地提高技术水平。

进行综合练习时最初应将移动路线和击球落点固定下来,以便于掌握综合技术,然后再过渡到不固定移动路线和击球落点上点练习。下面分别介绍4种练习方法:

(一)吊上网练习

将对方发(击)来的后场高球吊到对方网前,然后从后场移动至网前,以各种网前击球技术还击对方回来的网前球称吊上网。

1. 直线吊上网搓球练习

甲在右半场(左半场)底线将球直线吊至对方网前,乙将来球回到甲的前场区,甲移动上网把对方回来的网前球搓回对方网前,然后乙再将球挑到甲的后场底线,甲再退至后场吊球后上网搓球。如此循环练习。

2. 斜线吊上网搓或钩球练习

甲在正手(或左后场)底线将球斜线吊至对方的右(左)前场区,乙将对方的吊球回到甲方的左(右)前场区,甲上网搓球或钩球,乙再将球挑到甲方的右(左)底线,甲再退至后场吊斜线球后上网搓或钩球。如此循环练习。

图 3-36

在较熟练地掌握两种固定落点和路线的练习后即可进行不固定落点和路线的吊上网练习。

（二）杀上网练习

甲将对方发（击）来的后场高球扣杀至乙方场区内，并随后场移动至前场，以各种网前击球技术还击对方放回的网前球称杀上网。

杀上网练习方法可参照吊上网练习，所不同的是将吊球改为杀球。杀上网球初期练习时也应先行固定路线和落点，待熟练掌握技术之后即可进行不固定落点和路线的练习。

（三）吊、杀上网练习

这是一种将吊球和杀球结合使用，然后上网做各种网前击球动作的练习。

1. 半场吊、杀上网练习

甲方在右半场（左半场）将对方击（发）来的后场高球用吊或杀球还击到乙方前场区，乙方将球回放到甲方的网前，甲方上网扑或搓、推、钩球；乙方再把球回至甲方的后场底线附近，甲方再接着吊球或杀球上网，如此循环练习。

2. 全场吊、杀上网练习

甲方在底线附近任意一点将乙方击（发）来的高球吊或杀球到乙方前场区，乙方将球还击甲方的网前区，甲方上网做扑或搓、推、钩球；乙方再将球回至甲方后场，甲再吊或杀球……如此循环练习。

（四）攻守综合练习

1. 半场打半场攻守练习

利用场地的半边，甲方以高远球、平高球、杀球或吊球来进攻乙方，乙方则主要以高远球和挡球、放网前球来防守。这样，乙方为甲方提供了进攻的机会，而乙方也能在对方的进攻下，进行各种防守的练习。

当场地较少时，可4人同时练习，这是经常运用的一种练习手段。

2. 全场打全场攻守练习

要求和方法同上。只是练习在全场打全场还可用二打一的形式进行，即以两个人为一方以防守为主，一个人为一方以进攻为主。亦可调换攻防技术进行训练。

总之，基本技术的练习方法很多，以上方法主要起举一反三的作用。初学者在练习时，应根据具体情况，循序渐进，合理地安排自身的练习。另外，有条件者可经常观摩技术水平较高的运动员的训练和比赛，这

对提高自身水平常有潜移默化的作用。

第三节　战术入门速成练习

启蒙阶段所学的仅仅是基本技术，而且处于掌握不够巩固，运用不够熟练阶段。因此这时的战术不宜太复杂、太细致。这里仅介绍固定球路练习的简单战术。它的战术练习是把几项击球技术，根据战术的要求组织起来，然后反复练习。这种入法是把基本技术训练与战术训练结合起来，正适合这一阶段的学员。由于是固定球路，故重复的次数就多，能使动作连贯和提高击球质量。初学者一般采用这种方法掌握简单的战术球路。但这种练习方法必须与其他方法配合进行，球路的组合可以有很多，必须注意与实战相结合。

一、高、吊、放、挑结合的直线练习

甲、乙两人各站场地一边（上图），两人首先对击高球（以甲为主）（图3-38），然后甲首先吊直线网前球、乙放直线网前球（图3-39），而后甲、乙对放直线网前球若干次（图3-40），又是甲首先挑后场直线高球，乙击直线高球（图3-41），甲、乙对击直线高球如此往复练习。也可以换乙为主进行该项内容的练习。

二、发网前球、推对角、杀对角（练习方法同上图所示）

这种方法的战术是在上面直线战术练习的基础上增加了线路上的变化。

图3-37

图3-38

图 3-39

图 3-40

关于启蒙阶段的战术组合还有一些，但于该阶段应以技术、身体训练为主，故不再举例说明。

图 3-41

第四节 羽毛球运动身体素质快乐练习

良好的身体素质，不仅能促使技术、战术提高得快，而且到达高水平后保持的时间也长。相反，身体素质差，特别是专项身体素质不好，不仅很难达到高水平，即使达到高水平也很难保持。

启蒙阶段的身体素质应以全面身体素质的训练为主，以专项身体素质的训练为辅，重点是打好身体素质的基础。

一、速度素质训练

速度素质的训练包括一般速度素质训练和专项速度素质的训练。在启蒙阶段的速度素质训练主要以一般速度素质训练为主。下面将介绍一般速度素质训练将包括哪些快乐练习内容和方法：

（一）反应速度训练

1. 听口令转身起跑。运动员背向起跑线，可以蹲着、坐着，也可以站着，听到教师的起跑信号立即转身冲刺跑。

图3-42

2. 看手势起跑，教师不发起跑口令，而以手势代替。学员看到教师做起跑手势后立即起动冲刺跑。

图3-43

3. 听信号变速跑。在场馆或运动场上进行慢跑，听到教师发出冲刺跑的信号后立即加速冲刺跑，直到教师发出慢跑的信号再减速慢跑。

图3-44

4. 听信号变方向跑。在场馆或运动场上慢跑，在听到教师发出信号后立即改变方向冲刺跑，再听到教师发出信号后开始慢跑，如此往复地进行。

图3-45

（二）各种距离的直线冲刺

1. 10米的起动冲刺跑练习，目的是使学员的速度能很快地由静止迅速提高起来。

图3-46

2. 30米加速跑练习，目的是起跑后速度继续急速增加。

图3-47

3. 60米途中跑练习，目的是使已达到最高点的速度保持下去。

图3-48

4. 100米的冲刺跑练习，目的是使途中跑的速度不仅不能下降，而且在尽可能的情况下稍有增加。

图3-49

5. 200米跑的练习，主要是提高速度耐力的能力。（如上图所示往返跑）

（三）各种距离的反复跑

10~15米、15~20米。这个练习要求跑到终点时，立即转身，但不要降低速度。为了保持速度不减低，距离不宜过长，往返次数不宜过多。随着年龄以及身体素质的增长逐步增加距离和次数。

可因地制宜，如栏架、挡板、小木凳、皮绳等。方法同上，可以放置成直线、弧线或圆圈。

图3-50

（四）越障碍速度练习

1. 尽最快速度迂回绕过30米距离中若干个障碍。这些障碍可以放在一条直线上（等距或不等距），也可以放在一个弧线上或一个圆圈上。

图3-51

2. 以最快速度跑过30米以内若干个具有一定高度的障碍物。障碍物

图3-52

（五）速度训练游戏

1. 曲线跑游戏。在地上画两条完全相同的曲折小路，宽30厘米，长30米，学员沿着小路跑，不许踏线或踏出线外，根据跑到终点的先后和犯规次数的多少判定胜者。

2. 把参加训练的学员分成两组，每组5~6人。在地上画10~22条平行的线，线之间相距2米。两组学员排成两路纵队，间隔3米，各站在后5~6条线上。站在最后的学员拿着球依次绕过队友跑到队前无人站的一条线上，立即把球抛给队的最后一名运动员，依次进行。哪一组先完成传球,并且在跑的过程中没有触及本队队友,即算获胜。

3. 接力赛跑。把参加训练的学员分成若干组,每组人数相等,画两条相距10米的线,每名学员跑到另一条线后转身往回跑,当跑到自己同伴的身边时,拍一下同伴,同伴就可以同他一样往返跑,再拍下一名同伴,依此类推,哪组先跑完为胜组。

二、力量素质训练

力量是身体或身体某部用力的能力。发展力量素质对人体的形态结构、能量代谢、神经系统调节能力的改善以及植物性机能协调的改善都有良好的影响。羽毛球运动员启蒙阶段的力量训练以一般力量训练为主。

（一）上肢一般力量素质训练

用哑铃进行力量训练,是初学者发展力量素质的一种有效方法。根据学员的年龄不同,采用不同的重量和不同的练习次数。哑铃的重量有3磅（1磅≈0.45千克）、5磅、7磅、10磅等。练习次数可以安排10次×3组、15次×3组、20次×3组、30次×3组。这里列举的次数和组数是由实践证明较为有效的练习方法,仅供参考。

1. 哑铃推举练习。
2. 哑铃前臂上屈练习。
3. 哑铃侧平举练习。
4. 哑铃体前平举练习。
5. 哑铃两臂上下摆动练习。
6. 哑铃臂屈伸练习。
7. 哑铃扩胸练习。
8. 哑铃屈腕、伸腕练习。

以上内容可以采用两种力法进行,一种是采用重量较大的哑铃,每一项内容只做1组。另一种是采用重量较小的哑铃,每一项内容做3组。

（二）下肢一般力量素质练习

初学者的下肢力量一般采用各种姿势的弹跳来发展。对没有一定训练基础的初学者,不宜采用负重杠铃的方法。如果要增加弹跳的负荷,可穿重量较轻的纱衣进行。

1. 全蹲起立10~20次,3组。
2. 蹲走（可半蹲,可全蹲走路,距离根据训练要求而定）。
3. 弓箭步走（行走距离根据训练的要求而定）。

4. 全蹲向前、向后、向左、向右跳。

5. 并腿（腿部稍弯）向前、向后、向左、向右跳。

6. 纵跳摸高 10 次，3 组。

7. 单足轮换向前跳（距离根据训练计划的要求而定）。

8. 单足向后左右跳。

9. 左、右分腿跳。

10. 前、后分腿跳。

11. 提踵练习。

12. 单腿蹬跳上高凳或台阶等。

13. 双脚跳越障碍物。

14. 沙坑弹跳练习。

（三）发展局部肌肉练习

1. 坐在凳子上，脚背上绑上沙袋等重物，双脚踏在一块高于地面5厘米的板上，练习时将脚尖伸直碰着地面，然后脚腕屈起，如此反复练习，借以发展胫骨周围的局部肌群。

2. 坐在凳子上，脚背上绑上沙袋等重物，双腿上举由弯曲到伸直，或两腿轮换伸直上举，借以发展股四头肌群。

3. 直立，双手挟一个牢固物，脚腕绑上沙袋等重物，一条腿后屈成90°，反复练习一定次数，换另一条腿，借以发展股四头肌等肌群。

4. 直立，两手叉腰，脚背上绑上沙袋等重物，大腿上抬，带动小腿向前踢伸，借以发展股四头肌、胫腓肌、脚掌肌等的肌群的协作运动。

5. 直立，两手叉腰，脚背上绑上沙袋等重物，大腿带动小腿做侧向交叉摆腿动作，借以发展大腿的内侧、外侧肌群。

6. 俯卧在跳箱上，脚后跟勾住肋木架，胫背部放一个沙袋等重物做屈体后仰练习，借以发展竖躯干肌等背部肌群。

（四）力量练习游戏

1. 推车子：练习者的两腿被同伴抬起当做车子的扶把，以两手支撑身体向前爬行。

2. 爬走：练习者除了手脚着地外，其余部分不许触地，向前爬行。

3. 大象走：模仿大象四肢着地的动作，以同侧手脚迈一步，异侧手脚迈一步，交替进行。

三、耐力素质训练

耐力是对抗疲劳及疲劳后快速复

原的能力，也是坚持激烈活动的能力。耐力，尤其是速度耐力，对羽毛球运动起着极其重要的作用。初学羽毛球者一般耐力素质的训练内容及方法如下：

（一）中、短距离跑

1. 200 米跑，借以发展速度耐力。

2. 400 米、800 米跑，要求保持相当快的速度，同样是发展速度耐力。

（二）中、长距离跑

1. 1000～5000 米距离不等的耐力跑，旨在发展耐力，但必须有一定的速度。

2. 越野跑：要求计时，计程跑。规定在多长时间内跑到什么位置。

（三）力量耐力练习

可采用小重量、多次数的方法进行上肢、下肢，腹背腰的力量耐力的练习，具体方法同力量素质练习，只不过侧重于数量，而减小重量而已。

四、灵敏素质训练

灵敏是一种综合性素质，是运动技能和各种素质在活动过程中的综合表现。灵敏素质对羽毛球技术水平的提高有至关重要的影响。由于羽毛球运动员必须在 35 平方米的场地上，做各种急起、急停、前、后、左、右移动，转向，回动，跳跃等动作，因而需要很好的灵敏素质。一般灵敏训练的内容和方法多采用游戏或类似游戏的内容。

（一）小球练习（可以是乒乓球等）

以下列 5 个、8 个练习组成一组进行比赛，看谁做得快。

1. 把球向上抛起，下蹲用手指触地后，站起用右手接住球（左、右手轮做）。

2. 右手持球，抬起右腿，右手将球从抬起的右膝下向左上方抛起，用左手接住（然后左手做）。

3. 两臂侧平举，右手把球轻轻抛过头顶给左手，再用左手照样把球抛回给右手。

4. 左臂向前平举，用右手把球从左臂下面向上抛起，再用右手接住球。然后换左手同样做。

5. 用右手把球向上抛起，原地跳起向左转体 360°，然后接住球。换左手，向右转体 360°，然后接住球。

6. 一只脚站立，一只手把球从

背后经肩膀上方抛向身前，然后接住球，接球以后才能把提起的脚放下。换另一个脚站立，另一支手抛球做同样的练习。

7. 两手捧球，翘起脚尖以脚跟着地，上体前屈，以球触地，然后站立。

8. 两脚左右开立，上体前屈，一只手持球经胫下把球从背后抛向身前，赶紧站直把球接住。

9. 在地上画一个直径3米的圆圈。用一只手边拍球边跑，沿着圆周跑3圈。跑的时候双脚要踏在线上，不准丢失球。

（二）小足球练习

1. 带球过杆练习：在长20米的直线上插上10根杆，练习者做过杆练习。如没有杆也可以石块代替。

2. 踢圈练习：练习时，练习者围成一圈，根据人数的多少，圈内可以进入一人或两人，圈外的人把球在圈的范围内来回传递，圈内队员没法截去，若触到球就算截击成功，则被截住球的传球者进入圈内继续该练习。

3. 掷口袋打人练习：在一个长8米、宽4米的场地内站着守方队员，攻方队员则站在场地纵向的两端用口袋击打守方队员，若打到谁，谁将被罚下，直到全部下场交换攻守，继续该练习。

（三）应变能力练习

1. 过人练习：在地上画一条6~10米横线，两端做好明显标志，线两边各站一人。一方进攻，一方防守，进攻者设法越过横线而不被对方触着身体；防守者则不让对方越过横线，以伸开的两臂拦阻对方。双方移动仅在6~10米的横线内。

2. 抢乒乓球练习：分成两个组进行练习，看哪一方控球时间长，要求控球者必须拍球或将球传给同伴。

五、柔韧素质训练

柔韧素质是指人体各关节活动的幅度。

一般柔韧素质训练的内容和方法如下：

（一）拉长身体各部韧带练习

1. 两足左右开立与肩同宽，两臂斜上举，两臂距离稍宽于肩，上身前屈，双手先在左膝后面拍掌，再换成右膝做同样的动作。

2. 两足左右开立与肩同宽，两

臂在胸前平屈,掌心向下。上体向左转,两臂同时向两侧伸开。然后再向右侧做同样的动作。

3. 两足左右开立与肩同宽,两臂上伸。上体左侧屈,两手触肩,反复向两侧做。

4. 直立姿势。上体前屈,两臂后振,然后恢复预备姿势,反复练习。

5. 两足左右开支比肩稍宽,两臂自然下垂。上体前屈,左手指尖触右脚尖,右手指尖触左脚尖。

(二) 持羽毛球拍练习

1. 两手握住球拍两端举在头上。上体加速前屈,使球拍触及地面。

2. 两手握住球拍两端,可用单脚或双脚跳,从两手与拍围成的圈中跳进跳出。

3. 双手握住球拍的两端举至头顶,然后屈臂后翻,再前翻,如此往复地进行练习。

阳光快乐体育

第四章　羽毛球运动的综合知识

本单元教学中体现"基于信息素养的体育综合性学习",根据学生们的知识技能水平和身体能力,我们将羽毛球主题单元目标定位在基本技能的形成和羽毛球综合知识的了解上。在体育课堂中将羽毛球运动引入,利用体育教师和网络资源,让学生了解并能零距离接触到这项运动,这样将会对学生终身体育锻炼产生深远地影响。

第一节　羽毛球运动的价值

一、自娱性

羽毛球作为一种娱乐活动,参与者在球的对击过程中,通过不停地奔跑和身体的变化,努力地去把球击到对方的场地。每当击球者在击出一个好球或赢得一个球时都能使自己兴奋并达到一种成功的喜悦。同时球的飞翔又有快慢、轻重、高低、远近、狠巧、飘转等变化,使这种运动本身充满了丰富的乐趣。(如图4-1、4-2)

二、观赏性

由于羽毛球技术的千变万化,使羽毛球运动有很高的可观赏性。如猛虎下山的上网技术,蛟龙出水一样的跳起击球,身如满弓的扣杀,犀牛望月似的抢扑救球,进攻时似高屋建瓴、势如破竹,防守时的固若金汤。一切都在展示着羽毛球运动的力与美,使观赏者像吟读一首动人诗,如浏览一幅悦目的画,令人心旷神怡,流连忘返。(如图4-3、4-4)

图 4-1

图 4-2

图 4-3

图4-4

三、增强体质

羽毛球运动可以全面增强人的体质。前场、后场快速移动击球，中后场的大力扣杀球，被动时的扑救球，双打的换位击球等都需要练习者有较好的力量素质、速度素质、耐力素质、灵敏素质、柔韧素质以及快速的反应能力。扣杀需要力量；在双方对拉回合的过程中，为了取得主动需要有较快的速度、耐力和速度耐力；在扑救球时（多半是被动情况）又需要有很好的灵敏和柔韧；双打中又需要极快的反应与判断能力。因此，经常从事该项体育活动可以发展人体的灵活性、协调性，可以提高人们上下肢及躯干的活动能力，改善呼吸系统和心血管系统的功能，提高有氧供能和无氧供能的能力，调节神经系统并提高其抗乳酸的能力，而且能起到增进健康、抗病防衰、调节精神的作用。（如图4-5、4-6）

图4-5

图4-6

四、培养意志

羽毛球运动因其竞争性、对抗性、大强度等诸多因素的要求，使意志品质在该项运动中占有非常重要的地位。羽毛球比赛经常遇到这类情况，即运动员出现了"极点"：喘不上来气、身体无力、眼前发黑、感觉自己再也坚持不下去了。这种现象不是一方出现，在势均力敌的情况下往往是双方先后都会出现，甚至几乎是同时出现（如一个球打了很多回合），这时就看谁能再坚持一下，胜利往往存在于再坚持一下之中。这就需要顽强的意志品质和坚定的信念。即使不在比赛中，这项活动也需要较强的意志，否则你将不会很好地完成该项练习，使练习中应该产生的愉悦、趣味及锻炼价值就荡然无存。（如图4-7、4-8）

图4-8

五、陶冶心理

羽毛球活动包括对对方战术意图的揣摩，对各种战机的把握，对自己运用什么战术的选择等智力因素，因此经常从事该项运动可以使人思维敏捷。同时，由于比赛的紧张、竞争的激烈，使练习者的心理素质得到很好的锻炼，在竞争中，强化进取精神，使人的智、勇、技在竞争与对抗中得到升华。经此磨炼，能够做到临危不乱，泰然处之，既增长了智慧又陶冶了心理，不仅能在羽毛球活动中应付自如，而且能以良好的形态，正确的人生观去面对事业、家庭、荣辱等。（如图4-9、4-10）

图4-7

阳光快乐体育

图4-9

图4-10

第二节　羽毛球运动的几大赛事

一、"汤姆斯杯"世界羽毛球男子团体锦标赛

"汤姆斯杯"是由英国著名羽毛球选手乔治·汤姆斯先生捐赠的。1903~1928年近30年的时间里，汤姆斯先生先后多次在全英羽毛球比赛中获得男子单打、男子双打、混合双打比赛的"三栖"冠军。退役后参加了国际羽毛球联合会工作，任国际羽联第一任主席。他在1939年召开的国际羽毛球联合会理事会上提出了一项推动羽毛球运动在全世界范围内广泛开展的建议，即设立世界羽毛球男子团体比赛，并表示愿意为此项比赛捐赠一座金杯。他的这一建议立即得到了国际羽联的赞同。但是由于第二次世界大战的原因，汤姆斯先生的这一良好愿望被迫延迟了10年才得以实现。1948年国际羽联成功地在英国的普雷斯顿举办了首届代表世界男子最高水平的"汤姆斯杯"男子团体锦标赛，马来西亚队获得冠军。（如图4-11、4-12）

图4-11　汤姆斯杯

图 4-12 男子团体锦标赛冠军

汤姆斯杯高 71.12 厘米（28 英寸），用白金铸成，耗资巨大，底部刻有"汤姆斯"字样。汤姆斯杯是流动杯，每次比赛的冠军队将"汤杯"带回本国，保留至下届"汤杯"比赛开始。故该比赛又称为"国际羽毛球挑战杯赛"。在 1948~1982 年举行的前 12 届汤姆斯杯赛，均是每 3 年举办一次。参赛队除上届冠军队和东道国队不经预选赛直接参加决赛阶段比赛外，都要先分亚洲、欧洲、美洲和大洋洲 4 个赛区进行预赛，从中选拔出 4 个队参加决赛阶段比赛。预赛和决赛阶段的比赛均采用淘汰制，这两个杯赛是分年度进行的，即头年进行预选赛，翌年进行决赛阶段比赛。1983 年 3 月，新的国际羽毛球联合会对汤姆斯杯赛的比赛办法作了修改，规定该比赛由原来每 3 年举办一届改为每 2 年举办一届，而且决赛阶段的比赛在偶数年举行。国际羽联还决定把原两个队之间要进行 9 盘比赛（5 盘单打和 4 盘双打）改为只进行 5 盘比赛（3 盘单打和 2 盘双打），同时把参加决赛阶段比赛的队数由原来的 6 队增至 8 队，除上届冠军队和东道国队外，从 4 个指定赛区选拔出 6 个队。预选赛和决赛阶段比赛均先分组进行单循环赛，获各组前两名的队进行交叉半决赛，然后胜队之间进行决赛。如果上届冠军同时是东道主国,则从预选赛中多选拔一个队。

二、"尤伯杯"世界羽毛球女子团体锦标赛

"尤伯杯"为世界羽毛球女子团体锦标赛冠军奖杯,是由英国的贝蒂·尤伯夫人精心设计和捐献的。这座银质奖杯高46厘米,由一个可旋转的地球仪连接杯座,地球仪上端有一个挥拍欲击球的女子羽毛球运动员的塑像,杯座上刻有"尤伯夫人于1956年赠送国际羽毛球联合会组织的国际女子羽毛球冠军挑战杯"的英文字样。尤伯夫人也曾是一位著名运动员,在1930年举行的13届全英羽毛球锦标赛中,她获得1次女单冠军、4次女双冠军和8次混双冠军;尤伯夫人退役后仍对羽毛球运动情有独钟,她认为国际上应该有一个专供女性竞技的大型羽毛球团体比赛,这将有助于提高世界女子羽毛球运动的水平,于是她自愿捐赠一座奖杯以推动世界羽毛球运动的发展。1956年国际羽联正式将世界女子羽毛球团体锦标赛命名为尤伯杯赛。同年在英国的兰开夏、利瑟姆、圣安民举办了第1届尤伯杯比赛,美国队获得冠军。(如图4-13、4-14)

图4-13 尤伯杯

尤柏杯赛制同汤姆斯杯赛一样,在1982年以前是每3年举行一届,比赛采用七场四胜制,自1984年开始改为每2年(双数年)举行一届,采用五场三胜制。迄今为止,尤伯杯赛共举办了20届。其中美国队获3届冠军,印度尼西亚队获3届冠军,日本队获5届冠军,中国队获9届冠军。

图4-14 女子团体锦标赛冠军

三、"苏迪曼杯"世界羽毛球混合团体锦标赛

印度尼西亚是著名的世界"羽毛球王国"。"苏迪曼杯"是该国羽毛球协会代表本国人民向国际羽毛球联合会捐赠的一座奖杯,也是为纪念印度尼西亚前羽毛球著名选手、印度尼西亚羽毛球协会首任主席苏迪曼先生而铸造的。该杯的杯身由纯银铸成,外表镶有纯金,杯高80厘米、宽50厘米、重12千克,是一座极富民族特色、象征着印度尼西亚人民对羽毛球运动无限热爱的奖杯。(如图4-15~4-18)

图4-15

继"汤姆斯杯"、"尤伯杯"和世界锦标赛三大赛事之后,为了提高世界各国羽毛球运动的综合实力水平,1987年国际羽毛球联合会决定新增设一项世界男女羽毛球混合团体锦标赛,并以"苏迪曼杯"作为这一锦

标赛的优胜奖杯。1989年首届苏迪曼杯赛在印度尼西亚的雅加达举行,印度尼西亚队获得冠军。

图4-16 苏迪曼杯

图4-17

苏迪曼杯赛每2年(单数年)举行一次。一般安排在与世界锦标赛同一时间和地点举行(先进行苏迪曼杯赛,紧接着进行世界锦标赛)。"苏迪曼杯"均采用五场三胜制,有男子单打、女子单打、男子双打、女子双打、混合双打5个项目组成。至今共举行了9届,其中印度尼西亚队获2届冠军,韩国队获2届冠军,中国队获5届冠军。

四、世界羽毛球锦标赛

世界羽毛球锦标赛是国际羽毛球联合会在继汤姆斯杯赛、尤伯杯赛后,为了适应世界羽毛球运动日益发展的需要而设立的一种以个人单项为竞赛项目的羽毛球锦标赛。在原国际羽联和世界羽联1981年联合成新的国际羽联之前,世界羽坛存在着两个世界羽毛球锦标赛,一个是原国际羽联1977年创办的,一个是世界羽联1978年创办的。这两个世界羽毛球锦标赛因都未能云集当时世界羽坛的所有名将参赛,所以均算不上真正的世界最高水平的羽毛球单项锦标赛。从第3届起,世界羽毛球锦标赛由新国际羽联主办。(如图4-19、4-20)

图4-18

第一届世锦赛冠军榜（1977年瑞典马尔默）		
项目	姓名	国家
男单	德尔夫斯	丹麦
男双	梁春生/洪跃龙	印尼
女单	科彭	丹麦
女双	梅野尾悦子/上野惠美子	日本
混双	斯科夫加尔德/科彭	丹麦

图4-19

图4-20 丹麦名将：科彭

第3届世界羽毛球锦标赛于1983年5月2日至8日在丹麦首都哥本哈根举行。这届比赛汇集了世界羽坛所有的名将，从而揭开了世界羽毛球锦标赛史上新的一页，并名副其实地成为世界最高水平的羽毛球单项比赛。在比赛期间，国际羽联举行年会并作出决定，世界羽毛球锦标赛与汤姆斯杯赛和尤伯杯赛一样，改为每2年举办一届，但时间与汤杯、尤杯的比赛错开，逢单年举行，迄今共举行了10届。比赛设有男子单打、女子单打、男子双打、女子双打和混合双打5个单项的比赛。国际羽联根据当时的世界排名，邀请每个项目中的前16名（对）运动员直接参加比赛，国际羽联同时规定，每个会员国和地区可以在每个项目中报名的运动员不得超过4名（对）。

图4-21 丹麦发行的1983年世界羽毛球锦标赛纪念邮票

由于羽毛球运动在1992年被列为奥运会比赛项目，世界各国和地区对开展羽毛球运动越来越重视，包括世界体育强国——美国和俄罗斯选手也开始涉足世界羽毛球锦标赛。

五、全英羽毛球锦标赛

全英羽毛球锦标赛是世界上历史最悠久、延续时间最长、举行届数最多、最具传统色彩的一项羽毛球单项比赛。它开始于1899年，由英格兰羽毛球协会主办。在1977年国际羽联创办世界羽毛球锦标赛前，全英羽毛球锦标赛和国际羽联主办的汤姆斯杯赛和尤伯杯赛一起，并列为世界羽坛三大赛。多少年来，人们把全英羽毛球锦标赛看做是世界羽坛最高水平的单项比赛，获冠军者被视为世界冠军，因此全英羽毛球锦标赛为国际羽坛所瞩目。全英羽毛球锦标赛初期是在英国范围内由各地方协会派选手参加，后来逐渐扩大到英联邦国家。国际羽联1934年成立后，才使这一锦标赛成为非正式的世界单项羽毛球锦标赛。全英羽毛球锦标赛在两次世界大战期间曾停办了11年，到2005年共举办了95届。全英羽毛球锦标赛每年3月的中、下旬或最后一周在伦敦附近的温布利体育中心举行，是二三月间欧洲一系列国际羽毛球公开赛中的最后一站。每次都云集了世界羽坛的精英，成为全球性的羽坛大会战，其号召力甚至超过原国际羽联举办的头两届世界羽毛球锦标赛。在原国际羽联和世界羽联联合后，世界羽毛球锦标赛从第3届起才真正成为世界最高水平的羽毛球单项锦标赛。（如图4-22）

图4-22 全英羽毛球锦标赛标志

全英羽毛球锦标赛规定只赛5天,由于场次受限制而规定男单只设64个位置,女单、男双和混双均设48个位置,女双设32个位置。如参赛选手超过上述数字,那些初次参赛和知名度不高的选手,则要经过预选赛方能进入正式比赛,5个单项比赛都采用淘汰方式进行。

六、奥林匹克运动会羽毛球比赛

当今世界羽毛球运动最高水平的比赛,始于1992年第25届巴塞罗那奥运会,是最具有象征意义的羽坛赛事。此前,羽毛球比赛曾两度作为奥运会表演项目进入奥运会的赛场,第一次是1972年在慕尼黑举行的第20届奥运会,第二次是1988年在汉城举行的第24届奥运会。尽管羽毛球未被定为正式比赛项目,不记成绩,但它以其独特的魅力,充分体现了奥林匹克精神,极大地丰富了奥林匹克运动的内涵。(如图4-23)

图4-23 印度尼西亚羽毛球女皇王莲香

在第25届奥运会上,羽毛球作为正式比赛项目设置了男子单打、男子双打、女子单打、女子双打4块金牌,到1996年的第26届奥运会,经过国际羽联的申请,国际奥委会增设了羽毛球混合双打为第五项羽毛球正式比赛项目,从而使该项目的金牌数

增至5枚，因而也成了各国高度重视和激烈争夺的焦点项目之一。（如图4-24）

图4-24 葛菲、顾俊：中国第一个奥运会羽毛球女双冠军

中国运动员参加了1992年的巴塞罗那奥运会，共获得1枚银牌和4枚铜牌；在1996年亚特兰大奥运会上，我国女子双打选手葛菲、顾俊实现了我国羽毛球健儿在奥运会上"零"的突破，首次夺得女子双打冠军；在2000年悉尼奥运会上，我国选手共获得除男子双打以外的4枚奥运金牌，其中葛菲、顾俊蝉联女子双打冠军；2004年雅典奥运会我国选手夺得女子单打、女子双打、混合双打3枚金牌，其中张军、高凌蝉联混合双打冠军。（如图4-25）

图4-25 雅典奥运会羽毛球比赛中国军团奖牌榜

第三节 羽毛球明星简介

一、国外羽毛球运动名人

（一）姓名：彼得·盖德（Peter Gade）

性别：男

国籍：丹麦

生日：1976.12.14

身高：1.84米（见图4-26）

图4-26

（二）姓名：黄综翰（Wong Choonghann）

性别：男

国籍：马来西亚

生日：1977.2.17

身高：1.83米（见图4-27）

图4-27

（三）姓名：陶菲克（Hidayat Taufik）

性别：男

国籍：印度尼西亚

生日：1981.8.10

身高：1.78米（见图4-28）

图4-28

（四）姓名：哈菲兹（Hashim Hafiz）

性别：男

国籍：马来西亚

生日：1982.9.13

身高：1.86米（见图4-29）

（五）姓名：西吉特（Budiarto Sigit）

性别：男

图4-29

国籍：印度尼西亚

生日：1975.11.24

身高：1.73米（见图4-30）

图4-30

（六）姓名：柳镛成（Yoo Yong-sung）

性别：男

国籍：韩国

生日：1974.10.25

身高：1.71米（见图4-31）

图4-31

（七）姓名：河泰权（Ha Tae-kwon）

性别：男

国籍：韩国

生日：1975.4.30

身高：1.87米（见图4-32）

（八）姓名：孙升模（Shon Seung Mo）

性别：男

国籍：韩国

生日：1980.7.1

身高：1.82米（见图4-33）　　身高：1.60米（见图4-34）

图4-32

图4-34

（十）姓名：张海丽（Mia Audi-na-Tjiptawan）

性别：女

国籍：荷兰

生日：1979.8.22

身高：1.61米（见图4-35）

图4-33

（九）姓名：李敬元（Lee Kyung-won）

性别：女

国籍：韩国

生日：1980.1.21

图4-35

(十一)姓名:米仓加奈子(Yonekura Kanako)

性别:女

国籍:日本

生日:1976.10.29

身高:1.66米(见图4-36)

身高:1.74米(见图4-38)

图4-37

图4-36

(十二)姓名:黄妙珠(Wong Mew Choo)

性别:女

国籍:马来西亚

生日:1983.5.1

身高:1.65米(见图4-37)

图4-38

(十三)姓名:李宗伟(Lee Chong Wei)

性别:男

国籍:马来西亚

生日:1982.10.21

(十四)姓名:李万华

性别:男

国籍:马来西亚

生日:1975.11.24

身高:1.83米(见图4-39)

图4-39

月被任命为国家体育总局乒羽运动管理中心副主任。(见图4-41)

图4-40

图4-41

二、国内羽毛球运动名人

(一)**李永波**(1962.9.18~),男,辽宁大连人,中国男子羽毛球双打运动员。多次获得过世界杯、世界大奖赛总决赛冠军、全英羽毛球赛冠军。现任中国羽毛球队主教练。(见图4-40)

(二)**李玲蔚**(1964~),中国女子羽毛球运动员,浙江丽水人。主要特点是速度快,攻击力强,球路多变,网前技术好。她是世界羽毛球史上第一个集世界锦标赛、世界杯赛、全英锦标赛和世界系列大奖赛总决赛金牌于一身的女子单打羽毛球运动员,被世界羽坛誉为"羽坛皇后""一代羽毛球女王"等。2008年11

(三)**赵剑华**(1965年~)男,江苏南通人。1985年和1990年全英锦标赛冠军,1987年世界杯赛男单冠军,1988年和1990年汤姆斯杯团体冠军，1991年世界锦标赛单打冠军，1991年世界羽毛球总决赛单打冠军。20世纪80年代末世界羽坛"四大天王"之一。（如图4-42）

图4-42

（四）董炯（1973.8.20~　），北京人。18岁时加入中国国家队，1996年奥运会获得男单亚军。同年获得世界杯赛男单冠军，1997年获得全英公开赛、中国公开赛、瑞士公开赛和丹麦公开赛冠军。（见图4-43）

图4-43

（五）顾俊（1975.1.3~　），女，江苏无锡人，世界冠军，奥运冠军。她与葛菲的配合号称"天下第一双"。（见图4-44）

图4-44

（六）张宁（1975.5.15~　），女，辽宁锦州人。右手握拍，是和叶钊颖同期的羽毛球国手，自1994年就已经开始代表中国出战尤伯杯，是典型的大器晚成型选手，2003年世锦赛才夺得个人首个世界冠军，2004年夺得雅典奥运会女单冠军，2008年北京奥运会成功卫冕，成为奥运史上第一个成功卫冕该项目金牌的选手。（见图4-45）

图4-45

（七）孙俊（1975.6.3～　），男，江苏南京人，世界冠军。他与葛菲堪称世界羽坛的"神仙伴侣"。（如图4-46）

图4-46

（八）葛菲（1975.10.9～　），女，江苏南通人，世界冠军，奥运冠军。（见图4-47）

图4-47

（九）张军（1977.11.26～　），男，江苏苏州人。2000年奥运会与高崚搭档夺得了混双金牌，2004年两人卫冕了该项金牌。（见图4-48）

（十）高崚（1979.3.14～　），女，湖北武汉人。15次夺得世界冠军，成为中国羽毛球运动员中获世界冠军最多的选手。2000年奥运会与张军搭档夺得了混双金牌，2004年两人卫冕了该项金牌，并且分别在2000年和2004年获得奥运会女双铜牌和银牌。（见图4-49）

图4－48

图4－50

（十二）黄穗（1981.1.8～　），女，湖南安化人。与高崚配合双打后多次在世界大赛中夺冠，并在今年创造了全英羽毛球公开赛六连冠的佳绩，成为中国和世界的一号女双选手。（如图4－51）

图4－49

（十一）蔡赟（1980.1.19～　），男，江苏苏州人，身高1.82米。获2008年北京奥运会男子双打银牌。（见图4－50）

图4－51

（十三）**谢杏芳**（1981.1.18~　），女，广东梅州人，中国羽毛球运动员。2008年北京奥运会女单亚军。现世界排名第一。（见图4-52）

图4-52

（十四）**鲍春来**（1983.2.17~　），男，湖南长沙人，身高1.91米。现世界排名第三。（见图4-53）

（十五）**傅海峰**（1983.8.23~　），男，中国羽毛球男子双打运动员，广东揭阳人。与蔡赟搭档后成为中国继李永波、田秉义之后的全英公开赛冠军（2005年）。以后场大力杀球著称。2008年北京奥运会获男子双打银牌。（见图4-54）

图4-53

图4-54

（十六）**林丹**（1983.10.14~　）男，福建龙岩人，身高1.78米。2008年北京奥运会男单冠军，现世界排名第二。（见图4-55）

阳光快乐体育

图4-55

军队成员，中国羽毛球极具潜力的男单选手。2008年北京奥运会男单季军。现世界排名第四。（见图4-56）

图4-56

（十七）陈金（1986.1.10～　），男，河北邯郸人。多次获得羽毛球公开赛冠军，2006、2008年汤姆斯杯冠

第四节　羽毛球运动不同流派的打法

一、欧洲式

技术比较全面，战术变化多样，特长非常突出从技术流派或风格来说，强调重心稳、落点准，以稳准为主。技术上讲究步法的条理性（一般运用小步结合大步）和回中心位置；打法是用高远球和网前放、挑球结合拉吊四角以调动对方，主动伺机扣杀。这种打法，击球力量大，落点准，反手颇具威力。近年来加强了速度，跑动趋向积极，打法也较以前积极主动。（如图4-57）

二、亚洲式

在稳准的前提下强调快速进攻，

技术特点是突出前臂和手腕的力量，脚下步法移动快（注意运用弹跳和蹬

图 4-57

跨），挥拍动作小，注意鞭打的协调用力，击球点高，常用扣杀、快吊和劈杀；上网快，网前多采用搓球（取代了欧洲式的网前放、挑球）和推平球。后场反手部位也多用头顶的杀、吊、击后场等技术击球。此种类型打法主要以印度尼西亚队运用得最为突出。（如图4-58）

图 4-58

三、中国式

特点是"快、狠、准、活"，在技术与战术上表现为以我为主，以攻为主，以快为主，基本技术全面、熟练，特长突出，进攻点多，封网积极，劈杀凶狠，防守稳中有刁，守中有攻，能攻善守，力求"快、狠、准、活"的有机结合。

总括起来，世界羽毛球运动技术将朝着"更加积极主动，特长非常突出，技术比较全面，战术变化多样"的趋势发展。（如图4-59、4-60）

图 4-59

图 4-60

阳光快乐体育

第五节 羽毛球运动欣赏

一、羽毛球运动欣赏的意义

（一）享受生活乐趣

羽毛球运动的欣赏，从美学角度看，实际上是一种审美活动。人类的审美活动源远流长。人类懂得创造美、欣赏美。考古学家们在发掘太古人类生活过的洞穴时，发现了可以证明石器时代的人类就已经知道和爱好美的装饰物。也就是说，原始社会人类就开始了美的活动。因为一切美的事物都能使人产生一种美的感受，这就是人们常说的美感。所谓美感，是人们对审美对象进行审美后所得到的一种愉悦的心里感觉。美感人皆有之，但是因为时代环境、风俗习惯、文化教养的不同，因而审美现象也十分复杂。羽毛球运动展现了人的形体美、健康美、节奏美、动作美、心灵美……都能使人们产生一种愉悦的心理感受。所以说，通过观赏羽毛球运动，能使人得到一种快慰的精神享受，为生活增添无穷的乐趣。

（二）品尝体育文化

通过对各种羽毛球比赛的观赏，甚至参与，可以帮助人们加深对羽毛球运动的了解，充实对羽毛球运动的认识。特别是在当今科学技术发展突飞猛进、日新月异的时代，人们把体育视为"科技之窗"，也有人将体育说成是"世界文化"，是一种特殊的"国际语言"。这需要我们去慢慢品味，这也是体育文化的内在表现。

体育文化的外在表现，反映在围绕羽毛球竞赛等一系列体育竞赛而进行的文化艺术活动中。它包括竞赛期间的文艺演出、绘画展览、火炬接力、新闻报道、电视转播、发行邮票及纪念币等内容。由于这些活动的开展，使色彩纷呈的羽毛球文化形式得以在全世界传播。因此，通过羽毛球比赛，人们除了可以了解各种人文景观，还能品尝独具风采的体育文化艺术。

(三) 陶冶道德情操

良好道德情操的形成受内在和外部两方面因素的影响。作为外部影响因素，体育竞赛所创造的文化环境是以其特有的价值观念、道德意识和审美情趣，在健康、进取、意志、信念等方面，对人的行为施加影响，并为协调人际关系和化解社会矛盾创造有利条件。因此，人们通过观赏羽毛球竞赛，不仅可以体验奥林匹克的精神和原则，使自己的行为与社会保持一致性，而且还能从运动员遵守道德、服从裁判、公平竞争等行为表现上，接受道德情操教育，树立良好的社会风尚。

(四) 领悟人生真谛

按照自然法则，人类生存与发展都是竞争的结果。体育竞赛中的竞争，其实质是体力、智力和意志力的较量。它对现实生活的启迪，在于为人们提供实现人生价值应具有的信念、勇气和力量。由于这些极具内涵的精神品质，通常更容易在竞技场上得到最形象化的表现，通过观赏羽毛球比赛，在享受运动美感的同时，若能进一步深刻体验运动员为争取比赛胜利，在激烈竞争中表现的坚定不移。临危不惧和顽强拼搏的优秀品质，内心情感就会发生变化。由此产生的激励作用，往往可以使人从逆境中奋起，领悟唯有勇往直前、知难也永不退缩，才能实现自身价值。

(五) 振奋民族精神

凡属重大国际比赛，均规定以国家为参赛单位，为了表达对优胜者的崇敬，有升国旗、奏国歌、颁奖杯、授奖牌等礼仪。即使是以个人名义参加的大型比赛，运动员也总是代表自己的国家。这表明，尽管世界各国的政治观点和生活方式不同，但凡世界性体育竞赛，都直接关系国家与民族的尊严和荣誉，它必然对观众的思想、情感、精神和意志产生巨大的影响，并从本国运动员的胜利中，使民族自尊心得到满足，自信心不断增强，爱国主义情感更加浓厚。但体育竞赛场上的胜负，毕竟不能与国家的强盛等同起来，如果过于宣传狭隘的民族主义精神，观众面对失败就容易产生逆反心理，反而会导致行为上的越轨。因此，我们对振奋民族精神的认识，是要从体育竞赛的精神内

涵中寻求动力，而绝不单纯以胜负论英雄。羽毛球以其鲜明的技术风格和富有激情的拼杀，招致着世人的广泛关注，吸引着更多羽毛球爱好者的参与，并伴随着每一场的胜负，而雀跃欢呼或捶胸顿足，抒发着民族感情和爱国热情。（如图4-61）

图4-61　4年后张宁再夺金牌　身披国旗流泪

二、羽毛球欣赏的内容

（一）欣赏美的观赏

观赏羽毛球竞赛时，首先映入眼帘的是运动员的身体形态。通过对身体美的观赏，可使人产生一种特殊的美感，同时会产生一种生机勃勃的感受。古希腊的"维纳斯"和"掷铁饼的人"的雕塑形象之所以经历几千年而不衰，除其造型艺术价值外，正是身体形态美给人以美的享受。身体美的内容是十分丰富的。它不仅蕴涵着人体的强壮美、体态美、体型美这些外形的美，同时还包含一些潜在美的因素，如素质美、风度美等。

我们由观赏某一运动员的运动技能而扩展到其他方面，他（她）们的性格、爱好、外貌、风度、衣着打扮等都能引起人们的兴趣以至着迷。这种把某个运动员当做自己心中的偶像来欣赏、崇拜的现象很普通，也是当代学生课后饭前谈论的焦点话题之一。

此外，运动员的皮肤色泽、发型和服装都是构成身体美的因素。白里透红或黑里透红的皮肤，美丽相称的运动发型，漂亮、适体、新潮的运动服装，都会使身体美锦上添花。（如图4－62、4－63）

图4－62

图4－63

（二）动作美的观赏

在运动过程中，人的形体或部位的造型所展现的美，称为动作美。在羽毛球比赛中，运动员的动作那是在"动"中进行的，所以我们在观赏时，应把动作美放在首要地位。但是，任何运动都是动与静的对立统一，这就要求我们在观赏羽毛球时，对具体的动作要做动与静的考察。在羽毛球比赛中，动作的动、静是相互交替、相互转化的，构成了生动、鲜明、起伏、引人入胜的

场面。(如图4-64)

(三) 技术美的观赏

羽毛球运动员的技术动作是经过长期艰苦训练和多次不断总结创新而形成的,已达到超人预料或接近于完美的程度。高、难、美、新的精湛技术使人赏心悦目,精神上得到极大的愉悦,给人以美的享受。

对技术美的观赏往往是和动作美的观赏联系在一起的,即不仅观赏羽毛球技术的高、难、美、新等方面,还应结合羽毛球技术动作的速度、力量和节奏感等方面来观赏。速度能给观众以注意力的吸引,力量能给观众以震撼和雄心。(如图4-65,图4-66)

图4-64

图4-65

图4-66

（四）战术美的观赏

战术美，是在复杂多变的羽毛球比赛中，充分发挥羽毛球运动员的素质和技术特点，在争取胜利中体现出来的一种美。战术在羽毛球比赛的激烈对抗中，是夺取胜利的法宝和驾驭比赛的灵魂，也是反映羽毛球运动员的知识、技术和心理、智力因素的综合指标。因此，我们在观赏羽毛球比赛的过程中，要注意运动员如何根据各自的情况，正确地调配力量、扬长避短、克敌制胜。协调一致的羽毛球双打战术配合是运动员经过一定时间的共同训练和比赛逐渐形成的。在高水平的比赛中，有些战术配合已经达到了珠联璧合、天衣无缝的熟练程度，观后令人拍案叫绝、赞叹不已。（如图4-67）

图4-67

阳光快乐体育

第五章 羽毛球运动的生理卫生与健康常识

随着经济的不断发展,人们对健康有了很大的认识,健康的重要性越来越被人们所重视。通过对羽毛球的技术战术及运动特征的分析,加以分析处理。本章从羽毛球的生理卫生理论知识出发,进一步阐述羽毛球的健康价值,让更多的人参与到羽毛球运动当中去从而促进社会的和谐发展。

第一节 运动损伤的原因及防范

一、运动损伤的原因及防范

如果运动中注意自我保护,加强损伤的防范意识,可以有效地避免一些不必要的运动损伤,或将运动损伤的发生减小到最低程度。在运动中要注意以下几个方面:运动前不重视做准备活动,或准备活动做得不充分、不正确、不科学,是引起羽毛球运动损伤的重要原因之一。准备活动不充分,肌肉、内脏、神经系统机能不兴奋,肌肉血液供应不足,在这样的身体状态下进行运动,动作僵硬、不协调,极易造成损伤。(如图5-1)

在开始进行羽毛球运动前,首先应进行身体全面的、一般性的准备活动,如身体自上而下各关节的活动,包括绕环、拉韧带以及慢跑。然后要进行一些专项准备活动,如挥拍活动、起动步法及前后左右各方向的步法跑动练习。准备活动的量与时间要控制好，不能不动，也不能太猛，应以身体觉得发热、微微出汗为最佳。在寒冷的冬季，尤其要做好准备活动，防止因肌肉韧带僵硬、没活动开而致伤。（如图5－2）

图5－1

图5－2

运动后要进行积极的整理放松活动，促进肌肉的恢复。运动后及时做一些拉长肌肉韧带的静力牵拉练习和按摩放松活动，能促进肌肉的乳酸代谢，以缓解肌肉和关节的酸痛感觉，促进肌肉疲劳的恢复，减少再次运动时由于肌肉没有恢复而造成的损伤。其方法是采用揉捏、敲打、抖动等方式对负荷量较大的肌肉部位进行放松。一般来说，运动过程中或运动后都应注意放松整理运动。（如图5－3）

图 5-3

二、合理掌握运动量，防止运动量过大

由于下肢前后左右不停地满场反复多次奔跑，上肢无数次大力挥臂击球，腰腹、躯干处于连接上下肢运动、促使每个动作完成的必不可少的地位，所以运动中身体各部位负荷都大。如果运动量或内容的安排稍有不慎，某一局部负担过重，则会造成局部的损伤。如多次重复一个动作的练习，机体会因无法承受致伤。如多次进行大力杀球，则肩部肌肉负担过重；多次进行上网步法练习，则膝关节局部负担过重。为此，在运动中上下肢负荷安排要适当，密度大与密度小的内容要交替进行，并留意运动后身体各部位的反应，如感到某一局部负担过重，则应立即停止该局部练习。(如图 5-4)

图 5-4

三、掌握正确的技术动作

运动中技术动作不规范、不符合人体生理特点，是造成运动损伤的一个重要原因。技术动作合理、准确，不但运动起来省劲、舒服、漂亮，而

且不易受伤。相反，技术动作不合理、笨拙，不但费力别扭，而且极易受伤。如上肢击球动作僵硬，用力不合理，不符合生理特点，易造成肩关节受伤。又如击球对手腕没有前臂、上臂内外旋带动，只用手腕屈伸击球，手腕极易受伤。做上网步法时，如前脚掌着地、重心前冲，髌骨则极易受损。（如图5-5、5-6）

图5-5

图5-6

四、加强力量素质的训练

力量素质是一切运动的基础。力量素质好，特别是小肌肉群力量好，能有效预防损伤。相反，肌肉力量差、伸展性不好是致伤的一大诱因。对于运动时易出现损伤、力量又相对较弱的身体部位，应注意提高其机能和承受运动负荷的能力，特别是注意改善其肌肉力量和肌肉的伸展性，这是预防损伤的一种积极手段。（如图5-7）

阳光快乐体育

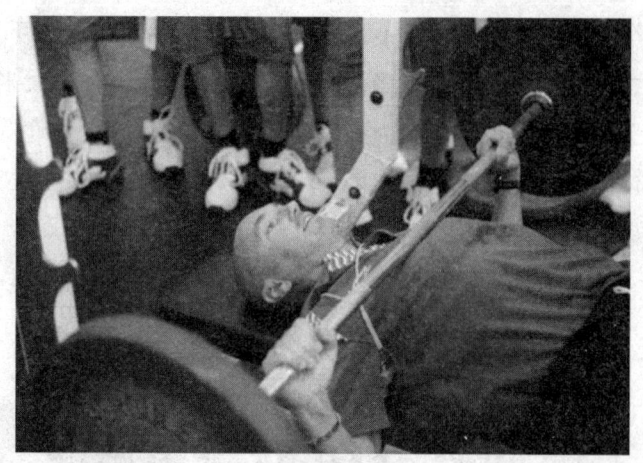

图5-7

五、运动时保持良好的身体状态

当身体疲劳时,身体各部位运动机能状况下降,易出现反应迟钝、动作不协调、运动能力下降等反应,此时如仍然勉强参加运动,身体极易出现损伤,为此在进行羽毛球运动前和运动过程中应随时注意观察身体各部位肌肉的反应,有肌肉发硬、酸痛或有"不愿意运动"的感觉时,则不要再勉强进行比赛或训练。

六、环境因素的影响

在过滑的场地上进行羽毛球运动,下肢易拉伤。长期在过硬的地面上运动,如水泥地、砖头地等,膝、踝关节易劳损。场地不平或有异物会扭脚。鞋袜不合适、鞋子过大过小或鞋底过硬、袜子太薄或球拍过重等都不利于运动。

第二节 常见运动损伤及预防措施

一、肘关节内外侧软组织损伤

在羽毛球运动中,其发生率约占总损伤的6%左右(内侧高于外侧)。

1. 病因与病理:羽毛球正手扣杀或击球过程中出现错误的技术动

作，特别是在上臂外展，肘关节屈曲90°，肘部低于肩部时进行羽毛球扣杀动作，则最易致伤。其次是突然地或是猛烈地做前臂旋前和屈腕的主动收缩或肘关节爆发或过伸，使肌肉和韧带不能适应和承担该动作的力学要求。

2. 症状与诊断：多数伤者都能诉述出急性受伤的历史或过程。急性损伤者，伤后即觉肘内外侧疼痛，局部肿胀，甚至皮下淤血（内侧软组织损伤多见，大多表明有组织撕裂）。肘关节活动受限，常不能完全伸肘或曲肘。而慢性伤者，肿胀往往不明显，但伤者常在完成扣杀或抽球、快打时，动作质量不高。损伤部位有明显压痛，做肘关节被动外展外旋或曲肘屈腕，前臂旋前抗阻力收缩活动时（检查内侧伤）；或做腕关节背伸前臂旋后抗阻力活动和肘关节稍弯曲、手半握拳，腕关节尽量掌屈，然后前臂旋前并逐渐伸直时（检查外侧伤），均可出现疼痛明显加重。

3. 处理与伤后恢复练习：急性损伤期，伤肘应适当休息制动。损伤即刻与早期可局部冷敷，加压包扎，外敷新伤药。24～48小时后，可考虑进行理疗、按摩、外敷中药。局部封闭注射肾上腺皮质激素类药物，往往能收到较好的疗效。对慢性伤者，应以理疗、按摩、针灸治疗为主。对有肌肉韧带断裂或伴有撕脱骨折者，宜进行手术缝合术等。在伤后练习与康复安排时，急性期要停止进行容易再伤或加重损伤的一些动作的活动，如：正反手的扣杀、抽球等。要等到损伤部位已基本没有疼痛后，才可进行这些动作的练习。

4. 预防：充分做好运动前的准备活动，合理安排运动量，避免肘部过度活动。练习后，强调做肘部的自我按摩，以消除疲劳，提高自我保护能力。

二、三角纤维软骨盘损伤

三角纤维软骨盘是使桡尺骨远端紧密联结的主要结构，在羽毛球运动的腕部损伤中，它的发生率占整个羽毛球运动损伤的3%左右。

1. 病因与病理：在羽毛球运动中，腕部三角纤维软骨盘损伤的发生，绝大多数是由于慢性损伤或劳损所致。主要是因练习中前臂和腕部反复的旋转负荷过度，是软骨盘长期受到碾磨或牵扯,以及桡尺远侧关节受到过度的剪力作用而引起。而准备活动不充分,握拍或击球技术存在问题,前臂与腕关节柔韧素质较差等,也是造成损伤的一些原因。

2. 症状与诊断:伤者往往诉述腕关节尺侧或腕关节内疼痛,腕部感到软弱无力,当前臂或腕部做旋转活动时,疼痛加重。检查时,多无腕部肿胀,压痛点多局限于尺骨茎突远方的关节间隙处和桡尺远侧关节背侧间隙部,作腕关节背伸尺侧倾斜受压时,即可出现疼痛,按之可多平、松手又再见隆起,握力检查有减退。

3. 处理与伤后恢复练习:要及时治疗新的损伤,应暂停或控制腕部运动。局部外敷消肿止痛中药,或痛足和关节内注射肾上腺皮质激素类药物,同时给以适当固定,将前臂固定于中立位并限制腕与前臂的旋转活动,一般都能取得良好的治疗效果。如有尺骨小头向背侧隆起者,则须用压垫加压全扎固定。在伤后康复和练习安排时应注意:急性伤者应暂停腕部活动,特别是腕部旋转活动,要等损伤组织修复,愈合后才可进行腕部正常练习活动,一般需 3~4 周。

4. 预防:合理安排腕部的局部负荷,加强前臂与手腕的力量练习和柔韧性练习,佩带护腕,做好局部准备活动,改进和提高握拍和击球技术等。

三、肩袖损伤

在从事羽毛球活动过程中,极易发生肩部软组织损伤,其中又以肩袖损伤最为常见,约占肩部损伤的80%。而肩袖损伤占整个羽毛球运动损伤的14%左右。

(一) 病因与病理

肩袖损伤的发生,一部分伤者是因一次急性损伤而引起,以后由于未及时、合理的、彻底的治疗而继续受损,以至逐渐转变为慢性损伤;一些伤者可无明显外伤史,是因局部负荷过度,肩袖肌腱受到多次、反复的磨研或牵扯,使其微细损伤,逐渐劳损和退行性变而引起。另外,技术动作存在问题或有错误、准备活动不充分,肩部肌肉差、肩关节柔韧性不佳等因素也是促进肩袖损伤的一些因素。

(二) 症状与诊断

(1) 肩痛。多在肩外侧痛,可向

三角肌上部或颈部放射，在肩关节外展或同时伴有内外旋时往往出现疼痛。（2）痛弧。在肩关节外展10°~120°的弧度内出现疼痛，超越120°后疼痛消失。肩部又放下至120°以下时，疼痛有显现。（3）压痛。在肩峰下肱骨大结节处有压痛。（4）肿胀。急性患者可有局部肿胀。（5）外展和外旋抗阻力试验：呈阳性。

（三）处理与伤后恢复练习

理疗、针灸、按摩、外敷伤膏药或局部药物封闭注射等，都可取得较好的效果。急性伤者应将上臂在外展30°的位置下固定休息。急性损伤或慢性损伤急性发作的伤者应适当休息。暂停肩部超范围的急剧转动活动或专项技术练习。急性期过去后，即应开始练习肩关节的绕环及旋转活动。在伤后练习时，应以上肢下垂放松位下练习，然后逐渐增加肩的抬举角度进行练习，基本不痛后，可进行负重练习和逐步过渡到专门练习，慢性病者可从事肩部的各方活动，但应避免引起疼痛或使损伤会加重的一些动作。

（四）预防

充分做好准备活动；即使纠正错误动作；注意发展肩部肌肉力量和肩关节的柔韧性，特别要加强肩部小肌肉群的练习；合理安排局部负担量等。为加强肩步肌力，可采用上肢外展80°~90°的屈肘负重静力练习。负荷重量因人而异，逐渐递增，时间以30秒~1分钟或以不能坚持为止。

四、腰部损伤

此伤系指腰（臀）部肌肉、筋膜、韧带或椎间关节等软组织损伤，俗称"腰肌劳损"。在羽毛球运动中患有慢性腰痛者，大多属于此病（占60%以上），占整个羽毛球运动损伤的11%左右。

（一）病因与病理

在学生球员中，大多是由于疲劳积累，局部劳损或慢性细微损伤而逐渐形成的。而腰部活动过于频繁，负荷过大或过集中，突然爆发用力超越了躯干一时所能承受的能力，所做动作超越了脊柱的功能范围，再加肌肉力量差，便容易造成急性损伤，而腰部损伤后，如未及时、彻底治愈，训练时又不注意自我保护，则容易使急性损伤逐渐转化成慢性损伤。

(二) 症状与诊断

（1）疼痛：轻伤时常无疼痛，过后或次日晨起时觉腰痛。重伤后即疼痛，甚至在发生扭伤一瞬间，觉"断了腰"或有一响声，疼痛亦较剧烈。若腰痛伴有小腿或足部放射痛及麻感，在胸腹内压力改变（如咳嗽、打喷嚏、大便）时串痛，麻木加重，则有可能是腰间盘髓核突出症。（2）脊柱生理弯曲改变，可出现侧弯，腰曲减小或消失。（3）腰部活动障碍和肌肉痉挛。如腰背肌拉伤，在弯腰和侧屈时疼痛，并抗阻伸脊柱活动时出现伤处疼痛。（4）损伤的局部一般都有较明确的点压痛。（5）棘突偏歪。椎间关节扭伤或错位，椎间盘髓核突出症的患者，常伴有患部棘突偏离正中线。

(三) 处理与伤后恢复练习

物理疗法：针灸、按摩、外敷新伤药，内服跌打伤药，必要时可采用痛定封闭等。急性疼痛期，除进行必要治疗外，应卧床休息，避免多重受伤，形成劳损。在伤后康复练习时，要用宽腰带保护，要练治结合，练后腰疼加重者，应暂行专项练习，并注意休息。如练后无明显加重者，可按原计划进行练习。康复练习时以加强躯干肌的力量和柔韧性为主，同时也要重视相关肌肉的锻炼（如腹肌、两侧躯干肌等），另外练习前要做好局部准备活动，练习后做好放松与恢复，如热敷、按摩、伸展动作等。

(四) 预防

（1）要充分做好准备活动，使腰部肌肉的力量和协调性得到提高。（2）注意力要集中，扣杀时肌肉不要完全放松，保持一定的紧张度。（3）掌握正确的技术动作。（4）加强腰部肌肉力量和伸展性的锻炼，同时还要加强腹肌练习。这些肌肉的增强，可避免本身的损伤，还可保护脊柱，避免脊柱及韧带的损伤。

五、髌骨劳损

髌骨劳损在羽毛球运动中的发生率极高，是膝关节部极为常见的一种损伤，占整个羽毛球运动损伤的13%左右，在羽毛球膝关节损伤中约3/4的伤者属于这一类，并有半数伤者波及两侧肢体，此伤者会给其参加羽毛球运动带来较大影响。

(一) 病因与病理

髌骨劳损的发生原因除少数病例

是由于一次性的膝部损伤,如受到猛烈撞击（摔倒、膝跪地等）或膝关节扭伤等引起外,绝大多数伤者是由膝关节在半蹲位状态下活动频繁,负荷过度,而使髌骨关节软骨面受到超量负荷、反复摩擦,或细微损伤而造成。因而练习不科学不合理,过多或过于集中地进行膝关节半蹲位姿势下,发力蹬跨、蹬跳、变向等练习,伤病停止练习后突然增加膝关节负荷或专项练习,是造成膝关节损伤最常见的原因。另外,准备活动不充分,膝关节附近肌肉力量差,平时不注意保护膝关节,则更易诱发此类损伤。

（二）症状与诊断

伤者主诉膝关节无力、发软、疼痛,检查时可发现髌骨边缘指压痛,髌骨压迫痛,伸膝抗阻痛,有些伤者可有髌骨摩擦实验阳性。

（三）处理与伤后恢复练习

首先应采取积极的治疗康复措施。常用的治疗手段有：物理疗法（红外线照射超短波等）,中草药外敷,针灸与按摩下肢和膝关节周围,必要时可在关节腔内或痛点处注射肾上腺皮质激素类药物,但应慎重。而球员一旦发生髌骨劳损后,就应根据伤情的不同,合理安排伤后练习,对于轻伤可加强具有一定强度的膝功能锻炼,适量调整膝关节负荷较大的专项练习。对于中等伤在不加重髌骨损伤的前提下,增加中等强度的膝部功能练习如静蹲、跳绳等。尽量不做膝关节负荷较大的练习。同时要积极进行治疗。对于重型,伤者应停止膝部专项练习,不能进行半蹲位的发力动作。

（四）预防

膝关节的准备活动要充分。练习内容要多样化,不使膝关节过度疲劳。锻炼后应充分放松并自我按摩,加强自我保护。加强膝关节周围肌肉的锻炼（股四头肌等）。

六、踝关节损伤

主要是踝关节外侧韧带损伤,占足部损伤的1/3以上。

（一）病因与病理

当羽毛球队员在比赛场上不停地上下、左右跨步地移动或前后跳起扣杀时,由于脚着地时,身体重心不稳或偏向一侧,常使足的前外侧先着地。所以足在跖屈内翻位扭伤外侧副韧带最常见。

（二）症状与诊断

有踝关节急性扭伤史。伤后踝关节外侧剧烈疼痛，活动受限，跛行或不能行走。检查看，伤处肿胀，轻伤足部畸形不明显，重伤有足内翻畸形。一般在 12 小时后出现皮下淤斑。损伤部位有压痛点，踝关节内翻，疼痛加重。踝关节稳定性差，如有活动异常者，说明韧带断裂。

（三）处理与伤后恢复练习

伤后立即进行冷敷，然后外敷新伤药，用绷带包扎固定休息。包扎时注意绷带行走方向，使受伤韧带处于相对松弛状态。伤后 24 小时后，可采用物理疗法，同时加以针灸、按摩，但肿胀大者，切忌重手法刺激。当单纯的踝关节扭伤，一旦急性症状减退，应在保护带（弹力绷带、护踝等）固定下进行着地行走活动。约二周后，可进行增加肌肉力量和协调性练习，如踝关节抗阻力活动，也可在松软的地上进行一些较慢动作的练习（跑、跳等）而对踝关节有松动不稳的伤者，要特别加强踝和足部的肌肉力量练习，并控制踝部的训练量。

（四）预防

局部准备活动要充分。加强小腿与足部肌肉锻炼，增加踝关节稳定性。训练时，注意加固踝关节（如戴护踝或绷弹力绷带）。积极治疗，避免反复损伤。

第六章　羽毛球运动的竞赛组织与裁判工作

理论知识的学习必须要和实际训练结合起来，同样学习羽毛球的理论知识更是为了提高从深层次了解，本章详细地介绍了羽毛球的比赛规则和裁判基本知识，那么，阅读完本章内容后，学生能够说出羽毛球运动竞赛的组织与编排方法及规则与裁判方法，能够画出比赛场地，提高学生组织羽毛球赛和做裁判工作的实践能力，从而为以后从事羽毛球运动打下牢固的理论知识。

第一节　羽毛球比赛规则

（一）球场

1. 球场应是一个长方形，如图（6-1）（规则1.5除外）；根据图中所示尺寸，用宽40毫米的线画出。

2. 场地线的颜色最好是白色、黄色或其他容易辨别的颜色。

3. 测试正常球速区域的4个40毫米×40毫米的标记（规则4.4），应画在单打发球区边线内沿，距端线530毫米和990毫米处。

这些标记的宽度均包括在所画的尺寸内，即距端线外沿530毫米至570毫米和950~990毫米。

4. 所有场地线都是它所确定区域的组成部分。

5. 如果面积不够画出双打球场，可画一单打球场，端线亦为后发球线，网柱或代表网柱的条状物（规则2.2）应放置在边线上。（如图6-1）

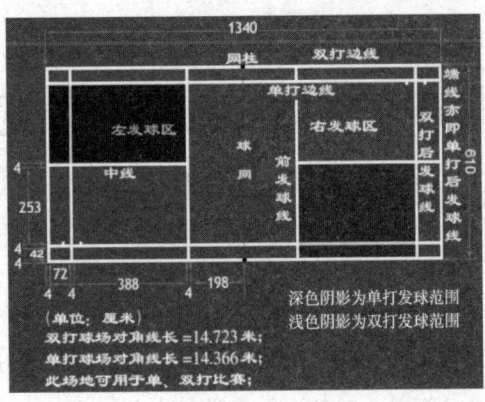

图 6-1

(二) 网柱

1. 从球场地面起, 网柱高 1.55 米。网柱必须稳固地同地面垂直, 并使球网保持紧拉状态, 如规则 3 所述。网柱应放置在双打的边线上。

2. 如不能设置网柱, 必须采用其他办法标出边线通过网下的位置。例如, 使用细柱或 40 毫米宽的条状物固定在边线上, 垂直向上到网顶绳索处。

3. 在双打球场上, 不论进行的是双打还是单打比赛, 网柱或代表网柱的条状物, 均应置于双打边线上。

(三) 球网

1. 球网应是深色、优质的细绳织成。网孔方形, 各边长均在 15～20 毫米之间。

2. 网上下宽 760 毫米。

3. 网的顶端用 75 毫米的白布对折而成, 用绳索或钢丝从夹层穿过。白布边的上沿必须紧贴绳索或钢丝。

4. 绳索或钢丝须有足够的长度和强度, 能牢固地拉紧并与网柱顶部取平。

5. 球场中央网高 1.524 米, 双打边线处网高 1.55 米。

6. 球网的两端必须与网柱系紧, 它们之间不应有空隙。(如图 6-2)

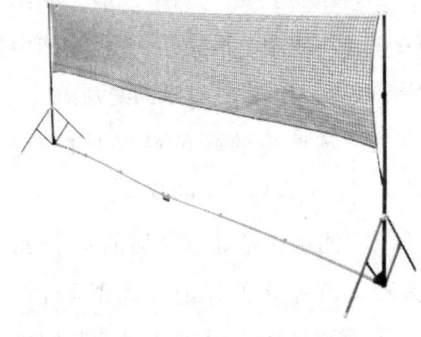

图 6-2

(四)羽毛球

羽毛球可由天然材料、人造材料或用它们混合制成。只要球的飞翔性能与用天然羽毛和包裹羊皮的软木球托制成的球的性能相似即可。(如图6-4)

图6-4

1. 一般式样

(1)羽毛球应有16根羽毛固定在球托部。

(2)羽毛长64~70毫米。但每一个球的羽毛从托面到羽毛尖的长度应一致。

(3)羽毛顶端围成圆形,直径为58~68毫米。

(4)羽毛应用线或其他适宜材料扎牢。

(5)球托直径25~28毫米,底部为圆形。

2. 羽毛球重4.74~5.50克。

3. 非羽毛球制成的球

(1)用合成材料制成裙状或羽毛。

(2)球托如规则1.所述。

(3)尺寸和重量同1.和2.所述;但由于合成材料与天然羽毛在比重、性能上的差异,可允许不超过10%的误差。

4. 球的检验

(1)验球时,站在端线外,用低手向前上方全力击球,球的飞行方向须与边线平行。

(2)一个具有正常速度的球,应落在离对方端线530~990毫米的区域内。

5. 非标准球

只要球的一般式样、速度和飞翔性能不变,经有关国家组织批准,可以变通以上条款。由于海拔或气候等条件不宜使用标准球时。如情况特殊,必须更改才有利于开展比赛时。

(五)球拍

1. 一把球拍的各部分如下所述:

(1)球拍由拍柄、排弦面、拍头、拍杆、连接喉组成整个框架。

(2)拍柄是击球者握住球拍的部分。

(3）拍弦面是击球者用于击球的部分。

(4）拍头界定了拍弦面的范围。

(5）拍杆通过连接喉连接拍柄与拍头。

(6）连接喉（如果是这样的结构）连接拍杆与拍头。

(7）拍头、连接喉、拍杆和拍柄总称拍框。

2．拍框总长度不超过680毫米，宽不超过230毫米。

3．拍弦面应是平的，用拍弦串过拍头十字交叉或其他形式编织而成。变质的式样应保持一致，尤其是拍面中央的编织密度不得小于其他部分。拍弦面长不超过280毫米，宽不超过220毫米。

不论拍弦用什么方式拉紧，规定拍弦伸进连接喉的区域不超过35毫米，连同这个区域在内的整个拍弦面长不超过330毫米。

4．球拍不允许有附加物和突出部，除非是为了防止磨损、断裂、振动，或调整重心的附加物，或预防球拍脱手而将拍柄系在手上的绳索；但尺寸和位置应合理。不允许改变球拍的规定式样。（如图6-5）

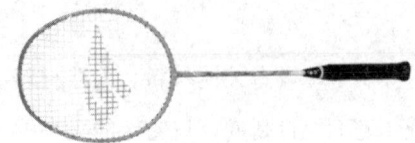

图6-5

（六）设备的批准

有关球拍、球、设备以及试制品能否用于比赛的问题，由国际羽联作出裁决。这种裁决可由国际羽联主动作出，或根据对其有切身利益的个人、团体（包括运动员、设备厂商、国家组织及其成员）的请求作出。

（七）运动员

1．"运动员"系指所有参加比赛的人。

2．双打比赛以两名运动员为一方，单打比赛以一名运动员为一方。

3．有发球权的一方叫发球方，对方叫接发球方。

（八）掷挑边器

1．比赛前，双方应掷挑边器。赢的一方将在规则（1）或（2）中作出选择。

（1）先发球或先接发球。

（2）一个场区或另一个场区。

2．输方在余下的一项中作出选择。

（九）计分方法

1. 除非另有规定，一场比赛应以三局两胜定胜负。

2. 除规则 7.4 和 7.5 的情况外，先得 21 分的一方胜一局。

3. 对方"违例"或球触及对方场区内的地面成死球，则该方胜这一回合并得一分。

4. 20 平后，领先得 2 分的一方胜该局。

5. 29 平后，先到 30 分的一方胜该局。

6. 一局的胜方在下一局首先发球。

（十）交换场区

1. 以下情况运动员应交换场区：

（1）第一局结束。

（2）第三局开始前。

（3）第三局中或只进行一局的比赛中，当领先的一方得分为 11 分。

2. 运动员未按规则（3）的规定交换场区，一经发现立即交换，已得分数有效。

（十一）发球

1. 合法发球。

（1）发球时任何一方都不允许非法延误发球。

（2）发球员和接发球员都必须站在斜对角发球区内发球和接发球，脚不能触及发球区的界线；两脚必须都有一部分与地面接触，不得移动，直至将球发出（规则 11.4）。

（3）发球员的球拍必须先击中球托，与此同时整个球要低于发球员的腰部。

（4）击球瞬间，球拍杆应指向下方，从而使整个排头明显低于发球员的整个握拍手部。

（5）发球开始（规则 11.2）后，发球员的球拍必须连续向前挥动，直至将球发出。

（6）发出的球必须向上飞行过网，如果不受拦截，应落入接发球员的发球区内。

2. 一旦双方运动员站好位置，发球员的球拍头第一次向前挥动即为发球开始。

3. 发球员须在接发球员准备好后才能发球，如果接发球员已试图接发球则被认为已做好准备。

4. 一旦发球开始（规则 11.2），球被发球员的球拍触及或落地即为发球结束。

5. 双打比赛，发球员或接发球员的同伴站位不限，但不得阻挡对方发球员或接发球员的视线。

（十二）单打

1. 发球区和接发球区。

（1）一局中，发球员的分数为0或双数时，双方运动员均应在各自的右发球区发球或接发球。

（2）一局中，发球员的分数为单数时，双方运动员均应在各自的左发球区发球或接发球。

2. 击球顺序和位置

一回合中，球应由发球员和接球员交替从各自所在场所一边的任何位置击出，直至成死球为止。

3. 得分和发球

（1）发球员胜一回合则得1分。随后，发球员再从另一发球区发球。

（2）接发球员胜一回合则得1分。随后，接发球员成为新发球员。

（十三）双打

1. 一局比赛开始和每次获得发球权的一方，都应从右发球区发球。

2. 只有接发球员才能接发球；如果他的同伴去接球或被球触及，发球方得1分。

3. 自发球被回击后，由发球方的任何一人击球，然后由接发球方的任何一人击球，如此往返直至死球。自发球被回击后，运动员可以从网的各自一方任何位置击球。

4. 接发球方违例或因球触及接发球方场区内的地面而成死球，发球方得一分，原发球员继续发球。发球方违例或应球触及发球方场区内的地面而成死球，原发球员即失去发球权，双方交换发球权，同时对方得1分。

5. 每局开始首先发球的运动员，在该局本方得分为0或双数时，都必须在右发球区发球或接发球；得分为单数时，则应在左发球区发球或接发球。每局开始首先接发球的运动员，在该局本方得分为0或双数时，都必须在右发球区接发球或发球；得分为单数时，则应在左发球区接发球或发球。上述两条相反形式的站位使用于他们的同伴。如有再赛，则以该局本方总得分，按以上规则规定站位。

6. 发球必须从两个发球区交替发出（规则14和16的规定除外）。

7. 任何一局的首先发球员失去发球权后，由该局首先接发球员发球，然后由首先接发球员的同伴发球，接着由他们的对手之一发球，再由，另一对手发球，如此传递发球权。

8. 运动员不得有发球顺序错误和接发球顺序错误，或在同一局比赛中连续二次接发球（规则14和16的规定除外）。

9. 一局胜方中的任一运动员可在下一局先发球，负方中的任一运动员可先接发球。

（十四）发球区错误

1. 以下情况为发球错误：

（1）发球顺序错误。

（2）从错误的发球区发球。

（3）在错误的发球区准备接发球，且球已发出。

2. 发球区错误的处理。

3. 如果因发球区错误而"重发球"，则该回合无效，纠正错误重发球。

4. 如果发球区错误未被纠正，比赛也应继续进行，并且不改变运动员的新发球区和新发球顺序。

（十五）违例

1. 发球不合法（规则11.1）。

2. 发球员发球时未击中球。

3. 发球时，球过网后挂在网上或停在网顶。

4. 比赛时：

（1）球落在球场界线外。

（2）球从网孔或网下穿过。

（3）球不过网。

（4）球碰屋顶、天花板或四周墙壁。

（5）球触及运动员的身体或衣服。

（6）球触及场外其他人或物体（由于建筑物的结构问题，必要时地方羽毛球组织可以指定羽毛球触及建筑物的临时规定，但其国家组织有否决权）。

5. 比赛时，球拍与球的最初接触点不在击球者网的这一方（击球者击球后，球拍可以随球过网）。

6. 比赛进行中：

（1）运动员球拍、身体或衣服触及网或网的支撑物。

（2）运动员的球拍或身体从网下侵入对方场区，妨碍对方或使对方分散注意力。

（3）妨碍对方，如阻挡对方紧靠球网的合法击球。

7. 比赛时，运动员故意分散对

方注意力的任何举动，如喊叫、故作姿态等。

8. 比赛时：

（1）击球时，球夹在和停滞在拍上紧接着又被拖带。

（2）同一运动员两次挥拍连续击中球两次。

（3）同方两名运动员连续各击中球一次。

（4）球触及运动员球拍后继续向其后场飞行。

9. 运动员严重违反或一再违反规则 18 的规定。

（十六）重发球

有裁判员宣判"重发球"，用于中断比赛。

1. 遇不能预见或意外的情况，应重发球。

2. 除发球外，球过网后挂在网上或停在网顶，应重发球。

3. 发球时，发球员和接发球员同时违例，应重发球。

4. 发球员在接发球员未做好准备时发球，应重发球。

5. 比赛进行中，球托与球的其他部分完全分离，应重发球。

6. 司线员未看清，裁判员也不能作出决定时，应重发球。

7. "重发球"时，最后一次发球无效，原发球员重新发球（规则十四的规定除外）。

（十七）死球

下列情况为死球：

1. 球撞网并挂在网上，或停在网顶。

2. 球撞网或网柱后开始在击球者这一方落向地面。

3. 球触及地面。

4. "违例"或"重发球"已被宣报。

（十八）比赛连续性、行为不端及处罚

1. 比赛从第一次发球起至比赛结束应是连续的（规则 2. 和 3. 规定除外）。

2. 下列比赛中，每场比赛的第二局第三局之间应允许有不超过 5 分钟的间歇。

（1）国际比赛项目。

（2）国际羽联批准的比赛。

（3）在所有其他的比赛中（除非该国家组织预先公布不允许这一间歇）。

3. 遇有不是运动员所能控制的

情况，裁判员可根据需要暂停比赛。如果比赛暂停，已得分数有效，续赛时由该分数算起。

4. 不允许运动员为恢复体力或喘息，或接受场外指导而中断比赛。

5. 比赛时不允许运动员接受指导（规则2. 和3. 的规定除外）。

在一场比赛中，运动员未经裁判员同意，不得离开场地（规则2. 所述除外）。

6. 只有裁判员能暂停比赛。

7. 运动员不得有下列行为：

（1）故意引起比赛中断。

（2）故意改变球的速度。

（3）举止无礼。

（4）规则未述的其他不端行为。

8. 对违反规则4、5或7的运动员，裁判员应执行：

（1）警告。

（2）对已被警告过的一方判违例。

（3）对严重违反或屡犯者判违例并立即向裁判长报告，裁判长有权取消其比赛资格。

9. 未设裁判长时，竞赛负责人有权取消违反者的比赛资格。

（十九）裁判职责和申述

1. 裁判长对竞赛全面负责。

2. 临场裁判员主持一场比赛并管理该场地及其周围。裁判员向裁判长负责；未设裁判长时，向竞赛负责人负责。

3. 发球裁判员负责宣判发球违例（规则11）。

4. 司线员负责宣判界内球或界外球。

5. 裁判员应维护和执行《羽毛球比赛规则》，及时地宣判"违例"或"重发球"等。

6. 裁判员对申述应在下一次发球前作出裁决。

7. 裁判员应使运动员和观众能了解比赛的进程。

8. 裁判员可与裁判长磋商、安排、撤换司线员或发球裁判员。

9. 裁判员不能推翻司线员和发球裁判员对事实的裁决。

10. 在缺少临场裁判人员时，裁判员应就无人执行的职责作出安排。有临场裁判人员不能作出判断时，由裁判员执行他的职责或"重发球"。

11. 裁判员有权暂停比赛。

12. 裁判员应记录与18条有关的情况并向裁判长报告。

13. 裁判员应将所有仅与规则问

题有关的申述提交裁判长（这类申述，运动员必须在下一次发球击出前提出；如在一局结尾，则应在离开场地前提出）。（如图6-6）

图6-6

第二节 羽毛球竞赛规程

一、羽毛球比赛项目的分类

羽毛球比赛项目包括两大类：团体赛和单项赛。

（一）团体赛

有男子团体、女子团体和男女混合团体3个项目。一场羽毛球团体赛由数场比赛组成，常用的比赛赛制有以下3种：三场制、五场制和多场制。

1. 三场制

每场团体赛由两场单打和一场双打组成，比赛场序可以是单、单、双，或者是单、双、单。每队每名运动员在一场团体赛中只能出场一次单打，双打的运动员可以由单打运动员兼项，也可以规定必须由其他运动员出场。三场制的团体比赛一般是在基层比赛中采用，因为要求每队的人数较少，容易吸引较多的队参加。有时为了避免一个队只依靠一名技术水平高的运动员即可得到好的名次，竞赛主办者可以在竞赛规程中规定，在一场团体赛中一名运动员只能出场一次，即打了单订不能打双打、打了双打不能打单打。

2. 五场制

羽毛球团体赛最常采用的是五场制。每场团体赛由三场单打和两场双打组成，比赛的场序可以有许多变化。

（1）一般的次序

①单、单、单、双、双

②单、双、单、双、单

③单、单、双、双、单

（2）大赛的次序

①汤姆斯杯和尤伯杯比赛

在汤姆斯杯和尤伯杯的预赛阶段首选的比赛次序是先进行三场单打再进行两场双打，而在决赛阶段首选的比赛次序变为单、双、单、双、单。具体的比赛次序还要视运动员单打和双打的兼项情况而定。男女混合团体赛，如世界男女混合团体赛苏迪曼杯赛，是由两场单打（男子单打和女子单打）及3场双打（男子双打、女子双打和混合双打）组成，它的比赛次序是由裁判长根据比赛双方出场运动员兼项的情况来决定的。

②我国全国羽毛球团体赛都是采用五场制比赛

我国全国羽毛球团体赛都是采用五场制比赛，基本与世界大赛接轨。

3. 多场对抗赛

在一次性的双边比赛时经常采用由若干场比赛组成的对抗赛，如友好访问比赛、交流比赛等。也有根据特殊需要而制定的比赛场数，如每年一次的全国羽毛球团体锦标赛对抗赛，每场团体赛就由9场比赛组成。

4. 团体赛运动员出场名单确定的方法

每场团体赛由谁出场，由谁出场打哪一场，对手将是谁，这些都会关系到比赛的胜负，所以在竞赛规程中一定要明确规定运动员的出场方法。一般来说有两种方法：

（1）按技术水平顺序出场

即各队报名时，应将所有运动员按单打技术水平顺序填写，并根据规程要求按技术水平顺序填写一定数目的双打配对组合。在赛前交换出场名单时，只能按照报名后并为裁判长确认的技术水平顺序填写，不能颠倒。在国际比赛时，按世界羽毛球技术水平顺序排名表确定。全国比赛时，按我国羽毛球技术水平顺序排名表确

定。其他比赛可以由竞赛组委会或裁判长参照以往的比赛成绩确认各队的技术水平顺序，在领队会上公布后执行。

（2）不按技术水平顺序的随意排序

在每场团体赛前交换出场名单时，各队可以不受技术水平顺序约束，随意填写出场运动员。采用这种方法比赛，往往容易出现与参赛队实力不相当的比赛结果，故专业队一般不采用，而多适用于一般群众性的比赛，但在某种特定场合，也有其可行性。

5. 比赛胜负的计算单位

（1）回合

从一次发球开始，经过双方来回对击到球成死球止。

（2）得分

发球方与接球方胜一个回合，就得该分。

（3）局

一方先胜 21 分者为胜该局，当打到 20 平时，先净胜 2 分者为胜该局。若打到 29 平，先到 30 分者为胜该局。男子单打、女子单打、男子双打、女子双打、混合双打均如此。

（4）场

所有项目都采用三局两胜制，即某方连胜两局，或双方各胜一局后，某方再胜了决胜局，称为胜一场，即获得双方间比赛的最终胜利。

（二）羽毛球单项赛包括五项

男子单打。

女子单打。

男子双打。

女子双打。

混合双打。

二、羽毛球的比赛方法

（一）单循环赛

1. 单循环赛的场数与轮数计算

单循环赛：参加比赛的运动员（或队）之间轮流比赛一次，为单循环赛。

单循环赛的轮数和场数为：

当人数（或队）为偶数时，轮数＝人数（或队）－1；当人数（或队）为奇数时，轮数＝人数（或队）

（2）场数＝人数（或队）×｛队数（或队－1）｝1/2

单循环赛每轮的顺序采用"1号位固定逆时针轮转法"。

这种方法是1号位置固定不动，

其他位置每轮按逆时针方向轮转一个位置，即可排出下轮的比赛顺序。当人数或队数为单数时，用"0"补成双数，然后按逆时针轮转排出各轮比赛顺序。其中遇到"0"者为轮空。

2. 单循环赛确定名次的方法

（1）按获胜场数定名次。获胜场数多者名次在前。

（2）两名（对）运动员获胜场数相等，则两者比赛的胜者名次列前。

（3）3名（对）或3名（对）以上运动员获胜场数相等，则按在该组比赛的净胜局数定名次。

（4）计算净胜局数后，如还剩2名（对）运动员净胜局数相等，则两者比赛的胜者名次列前。

（5）计算净胜局数后，还剩3名（对）或3名（对）以上，运动员净胜局数相等，则按在该组比赛的净胜分数定名次。

（6）计算净胜分数后，如还剩2名（对）运动员净胜分数相等，则两者间比赛的胜者名次列前。

（7）还有3名（对）或3名（对）以上净胜分数相等，则以抽签定名次。

（二）单淘汰赛

运动员（或队）按编排的比赛秩序，由相邻的两名运动员（或队）进行比赛，胜者进入下轮比赛，败者淘汰直至淘汰最后一名胜者（或队）——冠军，比赛即告结束。

单淘汰赛的优点是单淘汰赛由于比赛一轮淘汰1/2的运动员（或队），可使比赛的场数相对减少，所以在时间短、场地少的情况下，采用单淘汰赛能接受较多的运动员（或队）参加比赛，并可使比赛逐步走向高潮，一轮比一轮紧张激烈。按体育竞赛的特点来说，淘汰赛是一种比较好的比赛方法。缺点是由一旦淘汰赛负一场就被淘汰，所以大部分运动员（或队，特别是弱队）参加比赛的机会较少，所以产生的名次也不尽合理。

1. 单淘汰赛的轮数

单淘汰比赛的轮数等于或大于最接近运动员人（队）数的2的乘方指数，是2的几次方即为几轮。

2. 单淘汰赛的场数

场数 = 人（队）数 − 1

三、羽毛球比赛日程

（一）羽毛球比赛运动量较大，在条件许可时，每天的比赛最好安排两节，即在上午和晚上进行。

（二）若比赛既有团体赛，又有单项赛，团体赛应在单项比赛开始之前结束。

（三）在条件许可的情况下，比赛日程中应安排一天休息。最好安排在团体赛和单项赛之间，或安排在第一阶段比赛和第二阶段比赛之间。

（四）在单项比赛中，每个运动员一天内不应安排超过6场比赛，而且同一个项目的比赛不应超过3场；在一节比赛中，不应安排超过3场的比赛，同一个项目的比赛不应超过2场。

（五）在团体赛中，每个队一天内不应安排超过2次5场制的团体赛，一节中不应安排超过1次5场制的团体赛。

（六）特殊情况，经竞赛主办单位同意，可不受此限制。

（七）在国际羽联批准的比赛中，不管国际羽联有无任何代表到场，都不允许要求运动员在上一场比赛结束30分钟内开始另一场比赛。当比赛天气比较热、湿度比较大时，比这更长的间歇时间也是可以的。

四、羽毛球比赛服装

（一）奥林匹克运动会和世界锦标赛、汤姆斯杯、尤伯杯赛、世界团体锦标赛、系列大奖赛以及国际羽联主办的其他比赛，运动员在比赛场上应穿以白色为主或已由有关国家组织在国际羽联注册的颜色的服装。

（二）任何国家在确定采用某种颜色作为国际比赛的队服时，至少应在赛前一个月向国际羽联申报以求批准。同一个国家的运动员必须穿同一颜色服装参加所有场次的比赛。双打比赛同队两名运动员的服装必须一样，如遇比赛双方服装颜色冲突，则均应改穿白颜色的服装。

（三）由国际羽联批准的其他比赛，举办国的国家组织必须事先通知参赛的外国运动员采用的服装颜色的规定，特别要说明是否允许穿其他颜色的服装。

（四）为了普及羽毛球运动，任

何服装都可成为羽毛球运动服，但双打比赛同队队员均需穿同颜色的服装。

五、羽毛球竞赛编排与成绩记录工作

（一）竞赛日程的编排

1. 竞赛日程编排的依据

合理的竞赛编排是使比赛顺利进行并使运动员充分发挥技术水平的重要保证。在编排竞赛日程时应依据以下条件：

（1）比赛的时间（天数、节数、小时数）。

（2）可供使用的场地数量。

（3）运动员的合理负担量，即在单项比赛中，每名运动员一天不应安排超过6场比赛，而且同一项目的比赛不应超过3场；在一节时间里，不应安排超过3场比赛，同一项目的比赛不应超过两场。在团体赛中每个队一天内不应安排超过2场5场制的团体赛；一节时间里不应安排超过一次5场制的团体赛。

（4）根据该次比赛的项目和运动员的技术水平计算每场比赛可能需要的时间，推算出每节比赛场地的容纳量。

2. 竞赛日程编排的步骤

（1）列出每个比赛项目的比赛轮次和场数表。

（2）将每轮比赛按运动员的合理负担量和场地的容纳量合理、平均地分配到每天、每节。如果不能做到平均分配，多余的轮次不能安排在半决赛和决赛，而要安排在比赛开始的前几轮。因为比赛越是到后面的轮次，双方的技术水平越接近，比赛也更激烈，运动员体力消耗大，影响技术水平发挥。

（3）将每轮的比赛场次安排到各场地并排出场序。例如，某次羽毛球比赛，设5个单项。每项目的报名情况为男子单打28人、男子双打16对、女子单打26人、女子双打14对、男女混合双打22对。每个项目均取前6名，比赛可用场地4片，比赛时间为5天，每天下午3~6点。编排程序如下：

①列出各项目的比赛轮次和每轮的比赛场数。

②将各项目各轮次的比赛场数安排到每一天。

③将每天要进行的比赛排定

时间。

（二）比赛场序的编排

当确定了在一节时间里所要进行的比赛场次后，接下来的工作是将这些比赛场次进行比赛顺序编排，由于比赛时间的长短受各种因素影响不能赛前预知，如比赛项目的不同（男子项目时间长于女子项目，双打项目长于单打项目），比赛双方的技术水平高低差异（水平接近的比赛所需时间就长些，一般来说，淘汰赛的预赛阶段一场比赛时间相对比决赛阶段一场比赛的时间要短），一次比赛整体技术水平高低也是影响比赛时间长短的因素（少儿比赛、基层比赛的时间就要明显少于全国比赛和国际比赛）。因此，需要对比赛所需时间作出一个比较准确的估计。根据以往的经验来看，比赛场序的编排常用的有两种方法：比赛定时间（或场序）、固定场地；比赛定时间（或场序）、调度场地。这里所指的比赛"定时间"实际上也只有每节第一场比赛的时间能确实执行，从第二场以后的比赛时间在执行时，只能是作为参考时间或作为报到时间，具体编排方法如下：为了方便编排，将每个项目的每场比赛，编制成3位数作代号，习惯上男子单打以1开头，女子单打以2开头，男子双打以3开头，女子双打以4开头，男女混合双打以5开头。

整个比赛场序编排完成后，在比赛开始前或比赛进行间，由于各种原因，还需要对比赛场序进行调整。(1) 在比赛开始前，由于电视转播要求，需将某一场或某些场次的比赛安排在特定的电视转播场地和比赛时间。(2) 在一轮比赛后，发现某运动员接着兼项的比赛将发生连场时，应及时调整场序。(3) 比赛进行中，特别是在按照固定场地办法安排场序时，有时由于各场地比赛进行时间相差较大，可能会造成运动员缺场，此时需临时调整场序。所有已定的比赛场序，需要变动时，都必须经裁判长的授意或同意。所有比赛场序需调整，都必须及早通知与比赛有关的教练员、运动员、裁判员、记录台以及其他有关方面。凡是比赛前进行的调整，都应该出书面通知和公告。

（三）练习场地的安排

1. 赛前练习场地的安排

一般基层比赛不一定安排赛前训

练场地，但跨地区比赛、全国性比赛或国际比赛，就需安排训练场地供运动队到赛区报到后进行赛前的适应性训练。安排训练场地的原则是从规定报到日期起就应安排训练场地，各队机会均等，各队运动员人数多少与训练时间和场地数要成比例，场地要轮转，各时间段要轮换。如果知道各队的报到日期，在安排训练时间表时就要将此因素考虑在内。一般来说，从各队报到至比赛开始最多 1~2 天，为了使各队能有机会在不同的场地和时间段练习，所安排的每次训练时间以 1.5~2 小时为宜。

2. 比赛开始后练习场地的安排

在较高层次的羽毛球比赛，如全国羽毛球有比赛或国际比赛，当比赛开始后，有的队或运动员在一节或一天时间里因轮空而没有比赛，也有的在一个项目中已被淘汰，而另外项目的比赛尚未开始。对这些情况都应作适当的训练场地安排，方法是由专人负责，统一给有训练要求的运动队或运动员安排场地。

（四）比赛秩序册

比赛秩序册是竞赛的组织工作者和参赛者的工作和参赛的依据，也是新闻工作者和观众的指南。在比赛结束后秩序册和成绩册合在一起是本次竞赛的档案。一本完整的秩序册必须包括以下内容：

1. 封面

秩序册的封面应有本次比赛的完整名称、比赛日期、地点和比赛场馆。

2. 竞赛规程及竞赛补充规定

3. 竞赛有关人员名单

有关人员名单应包括：竞赛的组织委员会名单和各工作组成员名单，以及裁判长、裁判员名单。参赛的各运动队名单，包括领队、教练员和运动员。

4. 竞赛总日程表

包括从比赛运动队报到起至比赛结束止，每一天的会议、比赛项目以及该比赛项目的轮次和其他的活动安排，并注明地点和时间。

5. 比赛秩序表

循环赛的分组表、淘汰赛的淘汰表，表中注明每场比赛的具体地点、场地、时间或场序。秩序册中还可登载领导或赞助单位的贺词、以往历届比赛的成绩等。在封底或插页上登载一些商业广告也是常有的。

第三节 羽毛球裁判方法

一、临场裁判人员构成

临场裁判人员包括主裁判员、发球裁判员、司线员、记分员。

二、裁判员的职责

（一）裁判员在裁判长的领导下工作并向裁判长负责（未设裁判长时，向竞赛负责人负责）。

（二）发球裁判员一般由裁判长指派，但裁判员在同裁判长商议后可以给予更换。

（三）司线员一般由裁判长指派，但裁判员在同裁判长商议后可以给予更换。

（四）临场裁判人员对他所分管职责的事实的决定是最后的决定。

（五）当一名临场裁判员未能作出判断时，可同裁判员作出裁决；若裁判员也不能作出判断时，则判"重发球"。

三、一场比赛羽毛球裁判员的安排

（一）一场比赛设主裁判员 1 名，坐在网的延长线外，负责一场比赛的裁决、宣判得分、换发球等，执行规则的各项规定。

（二）发球裁判员 1 名，坐在主裁判员的对面球网延长线外，负责宣判发球方的发球时的违例。

（三）一场比赛设司线员 2～3 名，司线员坐在他所负责查看线的延长线 2 米外点在该线附近即作界内、界外或视线被挡的手势。

（四）一场比赛设记录员 1～2 名，比赛中根据主裁判员的判决显示比分。

四、裁判工作的基本要求

（一）通晓竞赛规则。

（二）宣判和报分要迅速而有权威。如有错误应承认，并道歉更正。

（三）所有宣判和报分必须响亮、清晰，使运动员、观众都能听清。

（四）对是否发生违例有怀疑时，应不宣判，而让比赛继续进行。

（五）绝不可询问观众或受他们评论的影响。

（六）加强同其他临场裁判人员的配合，例如慎重地接受司线员的判决，与他们建立良好的工作关系。

五、裁判员的裁判工作程序

裁判员在一场比赛的工作与各时间阶段有密切的关系，为便于有条理地叙述，员在一场比赛中的裁判工作可分为比赛开始前、比赛进行中和比赛结束3个阶段。其中比赛开始前又可分为进场前、进场后到比赛开始；比赛进行中可分为发球期、球在比赛进行中及死球期（发球前期）3个时间段。裁判员的记分表记录和宣报方法是裁判员工作的重要内容。

（一）进场前的工作

1. 检查自己的裁判用品是否备齐。
2. 到记录台领取记分表。
3. 与该场比赛的发球裁判员见面向好。
4. 检查该场比赛的司线裁判员是否做好准备。
5. 在有要求时，召集比赛运动员列队入场。
6. 了解进场和退场的路线。

（二）比赛开始前的工作

1. 挑边。
2. 检查网、网高和网柱。
3. 检查场地及其周围。
4. 检查司线裁判员的座位。
5. 检查运动员服装上的广告是否符合本次比赛的规定。
6. 宣布比赛开始。

（三）发球期的工作

1. 接发球员脚违例。
2. 接发球员干扰。
3. 双打比赛接发球。
4. 发球区错误（发球、接发球方位顺序错误）。
5. 接发球员未做好准备。
6. 发球员发球挥拍未击中球。
7. 发球球过网时接网。
8. 发球方和接发球方同时被判违例。

（四）球在比赛进行中的工作

1. 球不过网。
2. "界内"和"界外"。
3. 球碰屋顶或场外障碍物。
4. 球触及运动员的身体或衣物。
5. 网前"阻挠"。
6. "侵入场区"。

7. 连击。

8. 球碰球拍后继续飞向该运动员的身后。

9. 死球。

10. 外物侵入场区。

11. 发生意外事故。

(五)死球期的工作

1. 记录。
2. 及时宣报。
3. 比分显示。
4. 运动员要求换球的处理。
5. 运动员要求换拍的处理。
6. 运动员要求擦汗和喝水的。
7. 运动员要求擦地的处理。
8. 遇有意外事故的处理。
9. 运动员受伤的处理。
10. 运动员提出申诉的处理。
11. 运动员延误比赛的处理。
12. 运动员行为不端的处理。
13. 暂停比赛。
14. 90秒间歇。
15. 5分钟间歇。
16. 交换场区。

(六)比赛结束后的工作

六、司线员的基本要求

(一)司线员应坐在他所负责线的延长线上,最好面向裁判员;与场地的理想距离约2米。

(二)司线员对所负责的线负全责。如球落在界外,无论多远,均应立即大声清晰地报"界外",使运动员和观众都能听清,同时两臂侧举,使裁判员能看清楚。

(三)如未能看清,应立即举起双手,盖住眼睛。

(四)球触地前不要宣报和做手势。

(五)司线员应及时宣报球落点的位置,而不要预料裁判员将如何判断动员后落在界外。

专业词语中英文对照表

Badminton 羽毛球

abnormal flight （球）飞行不正常

accuracy of placement 落点的准确性

ace ①得分球②打得漂亮的球③直接得分的发球

alley ①单打边线和双打边线之间的细长地带②单打端线和双打端线之间的细长地带

alternate courts 交换发球区

alternate in serving ①换发球②双打中一方轮流发球

anchor fingers 紧握球拍的三指（中指、无名指、小指）

around-the-head stroke 绕头顶挥拍击球

ascent （球）上升

attacking clear 比较平直的高远球

back alley 单打端线和双打端线之间的细长地带

back boundary line 端线（单打后发球线）

backcourt 后场

backcourt boundary 端线

backcourt player 后场球员

backhand 反拍

backhand court 左场区

backhand grip 反手握法

back room 端线外的空地

backswing 往后撤拍（准备击球）

badminton 羽毛球运动

balk 发球时一方扰乱对方

band 网顶白布条

base 中心位置

base line 端线

basic strokes 基本技术

bat ①球拍②击（球）

battledore 羽毛球拍（旧称）

battledore and shuttlecock 羽毛球运动（旧称）

broken shuttle 坏球

carrying 持球

centre line 中线

change courts 交换场地

change ends 交换场地

change service courts 互换左右发

球区，互换方位

choice of court ends or service 选择场地或发球权

choice of "setting" 选择"再赛"权

clear 高远球

combination court 单打、双打合用的球场

cork base （球）底托

corners of backcourt 后场两角

court 球场

court-covering 守住全场

cross-court ①斜线②斜线球

crown of feathers 羽毛圈

cut 切球

deception 假动作

decoying tactics 引诱战术

deep high service 发高远球

deep shot 深球（打到对方端线附近的球）

delivery of service 发球动作

descent （球）下降

deuce 局末平分（如男子单打的13平）

diagonal system （双打）斜对角配合打法

diagonal teamwork （双打）斜对角配合打法

double hit 连击

doubles court 双打球场

doubles service court 双打发球区

doubles service line 双打发球线

draw（用故意留出空当等办法）引诱对方进攻

drive 平抽球

driven clear 平抽高球

driven service 发平球（比高远球要低些）

driver 善于抽球的队员

drop shot 吊网前球

end 半场

even number of points 双数分数

face of racket 拍面

facet 八角形拍把上的一个平面

fault ①失误②犯规

faulty serving 发球违例

feather 羽毛

feather tip 羽毛顶尖

fingering the grip 击球时握指的变动

finishing shot 决定得分的一击

first inning 第一轮，第一次发球权

first server （双打）第一次发球员

flat service 发平球

flexible wrist 灵活的手腕

flick 甩腕击球

flight （球）飞行

foot fault 脚部犯规

forecourt 前场

forecourt player 前场球员

forehand 正拍

forehand court 右场区

forehand grip 正手握拍法

foul hit 击球犯规

frame of racket 拍框

front and back 双打中一前一后的站法

front service line 前发球线

full strike 全力击球

full swing 全力挥拍

game 局

game ball 一局中的决胜分

game bird 一局中的决胜分

game point 一局中的决胜分

get 抢救险球

getter 抢救险球的队员

good return 合法还击

good service 合法发球

grip ①握拍法②握拍的地方

gut 羊肠线

hairpin shot "夹发针"球（在网前贴近地面的轻挑短球）

half-court shot 半场球（对付一前一后防守的打法）

hand-in 有发球权

handle of racket 拍柄

hand-out 无发球权，失发球权

headroom 室内球场上无障碍物的空间

high backhand stroke 高反拍击球

high clear 高远球

hogging the court （双打）抢打同伴的球

home position 中心位置

ice-cream point 一场中的决胜分

in ①有发球权②（球）在界内

inning 一方保持发球权的时间

"in" side 掌握发球权一方

inside side line 单打边线

intercept 截击

kill 扣杀

landing （球）落地

left court 左场区

left court player （双打）在左场区接发球的球员

left service court 左发球区

lift 近网挑球

linesman 司线员

lob 高球

long high serve 发高远球

long service 发远球

long service line 双打后发球线

loss of service 失发球权

"Love all, play!" "零比零,开始比赛!"

love game 一方得零分的一局

love match 一方得零局的一场

low shot 低球

main string (球拍)直线

match 场

match point 一场中的决胜分

mid court 中区

mid court line 中线

miss 击球未中

miss on service 发球时未打中球

mix up 不断变换打法

money bird 一场中的决胜分(西方称法)

net game 网前打法

net man (双打)打网前位置的球员

net play 网前打法

net payer (双打)打网前位置的球员

net post 网柱

net tape 网顶白布条

nylon 尼龙弦

odd number of points 单数分数

one down (双打)失去第一次发球权

one hand (双打开始时)一次发球权

one hand out (双打)失去第一次发球权

one out (双打)失去第一次发球权

one-shotter 只会一种打法的球员

option of "setting" 选择"再赛"权

order of service 发球次序

out ①无发球权②(球)在界外

out-of-hand service 撒手发球法(用手指抓着羽毛,一撒手就将球打出去)

out of position 站错位,离开了基本位置

"out" side 不掌握发球权一方

outside side line 双打边线

overdrive 把球打出对方端线

overhand stroke 高手击球

overhead stroke 打头上球

overrun 接球时跑过头

pace ①球的速度②比赛的速度

pairing（双打）配对

partner（双打）同伴

pass 超身球

passing shot 超身球

pass shot 超身球

place 找落点

place-hitter 善于找落点的球员

placement 落点好的球

placer 善于找落点的球员

plastic shuttle 塑料羽毛球

players' positions 队员方位

play for an opening 促使对方出漏洞的打法

play safe 打保险球

poacher（双打）抢打同伴的球

poaching（双打）抢打同伴的球

poona 羽毛球运动（因此项运动发源于印度浦那而得名）

pop up 近网挑球过高（对方容易扣杀）

preliminary feint（发球时的）假动作

press 球拍夹子

racket 球拍

racket head 球拍前部（包括拍框和拍面）

racket head above the hand 拍框上沿高于手（发球犯规）

racquet 球拍

rally 为争夺一分的往返拍击，一个回合

rear service line 后发球线

receiving side 接发球一方

referee 裁判员

retired side 失去发球权的一方

retrieve 救球

return 还击

return of service 接发球

right court 右场区

right-court player（双打）在右场区接发球的球员

right service court 右发球区

right to serve 发球权

rotation system（双打）轮转配合打法

"rough"（球拍）粗面

round-the-head stroke 绕头顶扣杀

rubber 三打二胜制

runback 端线外的空地

rushing ①冲上网②扑

rush-up ①冲上网②扑

score cancelled 得分无效

second server（双打）第二发球员

"Second server!"（双打）"第二发球员发球！"

serve deep 发深球

serve from the wrong-service court 发球站错方位

serve out of turn 发球次序错误

serve with both feet in a stationary position 两脚立定发球

service ace 发球得分

service court 发球区

service judge 发球裁判员

"Service over!"（单打）"换发球！"

serving above the waist 高于腰部的发球

serving form 发球姿势

serving position 发球位置

serving side 发球方

setting 再赛

"Set 2 points!" "再赛两分！"

set-up 机会球

shaft 拍柄轴

short 短球

short low service 发短低球

short service 发短球

short service line 前发球线

shoulder-high drive 与肩齐高的平抽球

shuttle 羽毛球

shuttlecock 羽毛球

shuttler 羽毛球运动员

side alley 单打边线和双打边线之间的细长地带

side-arm stroke 侧手球

side boundary line 边线

side by side 双打中一左一右的站法

side line 边线

side room 边线外的空地

side stop 场边围栏

singles court 单打球场

singles service court 单打发球区

sliding step 滑步

sling 持球

smash 扣球

"smooth"（球拍）滑面

soft service 发短球

speed of shuttle flight 球的速度

spin a racket 转球拍（抽签方法之一）

spread of the feather 羽毛圈直径

stance 站立姿势

straight 直线球

strike 击（球）

striker-out 接发球的球员

swing of the arm 摆臂

swing of the body 身体旋转

swing of the racket 挥拍

take the net 上网

thought action 经过思考的动作

throat 拍颈

throw 持球

thumb-up 拇指贴把

top and back 双打中一前一后的站法

top line of the net 网的上缘

toss service 抛球发球法

touch the net 触网

trim 缠绕拍线交叉地方的细绳

two 双打队员

two hands 两次发球权

umpire 副裁判

unclean hit 有拖带动作的击球

underhand stroke 低手击球

uneven number of points 单数分数

unsight an opponent 挡住对方视线

up and back 双打中一前一后的站法

variation of shots 打法变化

velocity of shuttle flight 球的飞行速度

well-rounded game 全面的技术

Western grip 西方式握拍法

white tape 网顶白布条

wide 球打出边线

wild shot 乱打，野球

winner 得分球

wooden shot 木球

参考文献

[1] 俞继英. 奥林匹克羽毛球. 北京：人民体育出版社，2001.

[2] 彭美丽、许声宏. 羽毛球专修课程教材. 北京：北京体育大学出版社，1998.

[3] 张健、殷光. 教你打羽毛球. 江苏科学技术出版社，2003.

[4] 张博、邵年. 羽毛球. 台北. 1999.

[5] 陈占奎. 怎样打羽毛球. 北京：金盾出版社. 2003.

[6] 梁小牧. 羽毛球. 台北：台湾珠海出版社. 1991.

[7] 吕芳阳、陈麒文. 羽球运动的制度化过程. 大专体育，2000，51：135～139.

[8] 梁小牧. 值得注意的技术发展动向—第十三届汤姆斯杯比赛观后感. 中国体育科技，1985，20：59～61.

[9] 魏协森、谢朝权. 中国羽毛球四十年. 中国体育科技. 1990，五：20～23.

[10] 黄嘉源. 台湾羽球运动发展之研究. 台东大学教育研究所硕士论文.

[11] 杨国贤. 优秀运动员机能评定手册. 北京：人民体育出版社，1989.

[12] 平川卓弘、胡小艺. 羽毛球基本论. 台北：益群书店，1997.

[13] 黄郁琦. 由羽球的特性谈羽球高正手击球法及练习方法. 台北：台湾省学校体育，1994，4.

[14] 张永文. 羽球运动科学选材. 中华体育. 1997，11（3）：72.

[15] 彭美丽、侯正庆. 跟专家练羽毛球. 北京：北京体育大学出版社，1998.

[16] 林文弢、李裕和. 羽毛球多球训练的生化分析. 武汉体育学院学报. 1996，2.

[17] Graeme Robson. IBF Scientific Review of Badminton. 国际羽联网

站（www. intbadfed. org）.

[18] B H Heath, J E L Carter. A modifiedmethodof somatotype. American Jounal. 1967, 27：57～74.

[19] Bush, P. J.（1989）. A Comparison of the Physique, Body Composition and Train Class Badminton Players and Male Recreational Club Players. Unpublished Disserta Polytechnic.

[20] Bush, A.（1992）. A Physique and Body Composition Comparison of Male Junior Eng Elite Badminton Players. Unpublished Dissertation, Brighton Polytechnic.

[21] Hughes, M. G. &F. M. Fullerton（1995）. Development of an On-Court Aerobic Badminton Players. In：Science and Racket Sports. Ed. T. Reilly, M. Hughes&A. LSpon, London. 51～54.

[22] 程勇民. 中国羽毛球运动员的智力研究. 体育科学, 1998.

[23] 程勇民. "快、狠、准、活" 的技术风格对中国羽毛球运动的促进与制约. 体育学刊, 2005,（2）：99～101.

[24] 樊正治. 羽球赛中的战术性行动及观念. 体育与运动, 1991,（76）：9～10.

[25] 葛椿林. 我国少年排球运动员智能特征的研究. 北京体育大学博士学位论文, 1995

[26] 漆昌柱, 梁承谋, 徐培. 羽毛球专家——新手在模拟比赛情景中的问题表征与运动思维特征. 北京体育大学博士学位论文, 2000.

[27] 朱长超, 论思维训练的科学依据和方向. 山西师大学报：社会科学版, 1997, 1.

[28] 陈莉琳. 我省青少年羽毛球运动员技术薄弱环节分析. 福建体育学院学报, 1993, 1.

[29] 陈莉琳. 少年羽毛球运动员的力量特点及其训练. 学校体育科学研究. 合肥：安徽人民出版社, 1996.